세 상에 대하여
우리가
더잘 알아야 할
교양

25

글쓴이 | 감수자 소개

글쓴이 섬광
섬광은 한국과학기술원(KAIST)에 재학 중인 학생들이 모여 만든 학생 단체 겸 사회적 벤처 기업으로, 2010년 제
1회 '적정기술 사회적 기업 페스티벌'에서 대상을 수상했습니다. 그 후 '예비기술 창업자 육성사업' 대상 기업으
로 선정되었으며, 에너지 빈곤층을 위한 태양열 난방기를 개발해 이를 필요로 하는 이웃들에게 보급하고 있습니
다. 캄보디아, 몽골, 인도네시아, 필리핀 등의 국가에서 적정기술 관련 활동을 진행해 왔고, 국내외 청소년 및 청
년들과 함께하는 적정기술 콜로키움, 페스티벌, 컨퍼런스 등에 참가해 그 경험을 나누고 있습니다.

감수자 김정태
사회혁신 전문 투자컨설팅 MYSC의 이사이며, 헐트 국제경영대학원에서 사회적 기업가정신을 공부했습니다. 《소
외된 90%를 위한 디자인》《소외된 90%와 함께하는 디자인: 도시편》 등 적정기술 및 디자인 총서 시리즈를 기획
했고, 현재 적정기술 기반 비즈니스 모델로 진행 중인 햇빛Lab 프로젝트를 총괄하고 있습니다. 또한 특허청 및 한
국국제협력단 등의 적정기술 자문위원으로 활동 중이며, 저서로는 《적정기술이란 무엇인가?》(공저) 《스토리가 스
펙을 이긴다》 등이 있습니다.

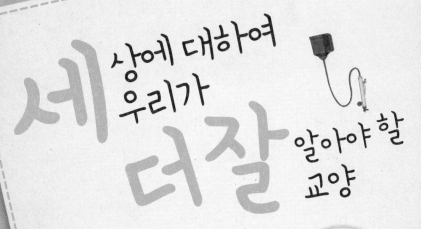

세상에 대하여
우리가
더잘
알아야 할
교양

섬광 글 | 김정태 감수

25

적정기술

모두를 위해 지속가능해질까?

내인생의책

차례

감수자의 말 - 6

들어가며 - 8

1. 적정기술이란 무엇일까요? - 11

2. 필요로부터 시작되는 적정기술 - 23

3. 주인 의식을 심어 주는 적정기술 - 35

4. 지속가능해야 하는 적정기술 - 51

5. 국제개발협력을 통한 적정기술 보급 - 63

6. 비즈니스를 통한 적정기술 보급 - 79

7. 선진국을 위한 적정기술 - 97

용어 설명 - 109

연표 - 111

더 알아보기 - 114

찾아보기 - 115

※ 본문의 **굵은 글씨**로 표시된 단어는 109쪽 용어 설명에서 찾아보세요.

여러분은 적정기술이라는 단어를 들으면 어떤 생각이 가장 먼저 떠오르나요? 기술이란 단어만 들어도 머리가 복잡해서 아픈 사람도 있고, 적정이란 뜻이 '적당히 해라!'란 뜻으로 해석되는 사람도 있을 거예요. 분명 적정이라는 단어와 기술이라는 단어의 뜻은 알겠는데, '적정기술'이라고 붙여 놓으니 아리송한 이 단어의 정확한 의미는 무엇일까요?

저는 적정기술을 '기술이 아닌 인간의 진보를 중시하는 세계관'이라고 정의하고 싶습니다. 여기서 기술이란 단지 기술과 과학(technology and science)만을 뜻하는 것이 아니라 우리가 세상을 살면서 겪는 문제를 해결하고 목표를 달성하기 위해 필요한 모든 수단을 포함합니다. 이 책에서 소개하는 것처럼 적정기술은 디자인, 비즈니스, 개발협력 등 다양한 분야를 융합하는 분야로, 21세기 창의적 인재를 필요로 하는 '인간 중심의 첨단기술'이라고 볼 수 있지요.

또한 적정기술은 흔히 오해하는 것처럼 경제적으로 열악한 개발도상국을 위한 기술만을 의미하지 않습니다. 개발도상국은 물론 한국과 같은 선진국에서도 적정기술이 기존의 첨단기술과 경제 구조가 해결하지 못했던 다양한 사회 이슈를 해결하는 혁신적인 접근으로 각광받고 있습니다. 한국에서는 적정기술이 사회기술이라고도 불리며, '사회'라는 단어에서 드러나듯 연구소에 머무는 기술이 아니라 사회 문제 해결에 직접적으로 활용되는 기술을 의미하지요.

최근 정부가 적정기술을 국가의 중요한 과제를 의미하는 '국정과제'에 포함한 이유도 적정기술이 국가 경제와 사회 복지를 위해 꼭 필요함을 인정했기 때문입니다. 미래창조과학부는 국내 외에 적정기술 거점 센터와 지원 센터를 설립할 계획인데, '미래창조'와 '적정기술'이 왜 그리고 어떻게 연결되는지를 이 책을 읽어 가며 실마리를 풀어 나가길 바랍니다.

마지막으로 적정기술의 참된 의미를 이해하기 위해서 여러분의 삶에 적정기술을 어떻게 적용할 수 있을지 생각해 보라고 부탁하고 싶어요. 하나의 지식이 온전히 자신의 것이 되기 위해 가장 중요한 것은 그 지식을 실천하는 것입니다. 아울러 기술을 맹목적으로 따라가지 않는다는 것이 무슨 의미인지, 사람들의 주인 의식을 강화하고 삶의 목표를 이루기 위해서는 기술을 어떻게 활용해야 할지 고민해 보세요.

이 책을 덮을 때쯤이면 최소한 하나라도 여러분이 꼭 실천하고 싶은 목표가 생겼으면 좋겠어요. 책을 읽으며 여러분의 삶과 일상적인 환경을 둘러보세요. 적정기술을 자세하게 이해한 뒤 주변의 세상이 다르게 보인다면, 여러분은 '적정기술 전문가'가 되기 위한 첫걸음을 시작한 거랍니다. 적정기술은 결코 어렵지 않습니다. 적정기술은 사람의 체온인 36.5도의 따뜻함을 지닌 기술이기에 여러분도 금방 친구가 될 수 있을 거예요. 그럼 적정기술의 흥미로운 세계로 출발해 볼까요?

한국국제협력단 적정기술 자문위원 **김정태**

들어가며 : 사람을 자유롭게 하는 따뜻한 기술

1995년, 나이지리아의 교사인 모하메드 바 아바는 수확한 농산물을 오래 보관하기 위해 '항아리 속 항아리(Pot-in-pot)'라는 저장고를 개발했습니다. 이 저장고는 흙으로 빚은 커다란 항아리 안에 작은 항아리를 넣고 두 항아리 사이에 젖은 모래를 넣으면 완성되는 제품으로, 누구나 손쉽게 만들 수 있어요. 상온에 보관할 경우 사흘 만에 상하는 토마토를 이 저장고에 보관하면 최대 21일간 신선도가 유지되지요. 이 제품 덕분에 나이지리아 사람들은 수확한 농산물을 오랫동안 신선하게 보관할 수 있게 되었답니다. 전기냉장고 보급률이 현저하게 낮은 이곳 나이지리아에서 말입니다.

이 저장고가 지니는 의미는 이뿐만이 아닙니다. 언제든 신선한 음식을 먹을 수 있게 된 사람들은 식중독 같은 질병에 걸릴 위험으로부터 자유로워졌습니다. 또한 수확한 농산물을 바로 팔 필요가 없어졌으므로, 이 일을 도맡아 하던 어린 아이들에게 학교에 다닐 수 있는 여유를 주었지요. 저장고를 만드는 간단한 기술 덕분에 사람들이 더 건강하고 바람직한 삶을 영위하게 된 것입니다.

이처럼 적정기술은 사람들에게 꼭 필요한 제품을 제공함으로써 사용자의 불편함을 해소하고 삶의 질을 높이는 기술입니다. 적정기술 제품은 평소 기술을 제대로 접하지 못하는 사람들도 쉽게 이용할 수 있도록 사용 방법이 간단하며 가격대가 낮은 특성이 있어요. 이 때문에 어려운 환경에 놓인 사람들에게 실질적인 도움이 되고 있으며, 소외된 사람들까지 포용할 수 있는 따뜻한 기술로 여겨집니다.

복잡한 첨단기술이 주를 이루는 현대 사회에서는 기술에 대한 접근성이 분명 사람들의 삶의 질을 결정하는 중요한 요인이 될 수밖에 없습니다. 이러한 상황에서 기술에 대한 접근성이 용이하지 않는 사용자가 이용하기 쉬우며, 사용자에게 주인 의식을 심어 주는 기술이 있다면, 그 기술이야말로 사람을 중심에 두는 기술, 사람을 자유롭게 하는 기술이라고 할 수 있지 않을까요?

기술은 인간의 삶을 더 편리하게 만들기 위해 존재한다. 특히 적정기술은 기술의 혜택을 제대로 누리지 못하는 사람들에게도 실질적인 도움을 제공하고 있다.

1

CHAPTER

적정기술이란 무엇일까요?

사람들의 삶의 질을 개선하는 데 실질적인 도움을 줄 수 있는 기술을 우리는 적정기술이라고 부릅니다. 적정기술은 기술의 혜택을 누리지 못하는 소외된 90퍼센트의 사람들에게 도움을 줄 수 있기에 '소외된 90퍼센트와 함께하는 기술'이라고도 합니다.

국어사전에 따르면 기술은 '과학 이론을 실제로 적용해 자연의 사물을 인간 생활에 유용하도록 **가공**하는 수단'을 의미합니다. 쉽게 말해 사람들의 생활에 도움이 되는 물건을 만드는 방법이나 능력을 기술이라 해요. 주변을 살펴보면 우리의 생활에 도움을 주는 제품이 많습니다. 그리고 이 제품들은 각종 기술 덕분에 탄생했지요. 기차와 자동차는 편하게 이곳저곳을 다닐 수 있도록 도와주며, 휴대전화는 위험하거나 긴급한 상황에서 도움을 요청할 수 있도록 도와줍니다. 텔레비전이나 인터넷은 중요한 소식과 각종 정보를 전해 주고, 재미있는 오락거리를 제공합니다. 냉장고는 맛있는 음식을 오래 보관할 수 있게 도와주고, 현관문에 설치된 잠금장치는 우리를 보호해 줍니다. 그런데 과연 세상 사람들이 모두 이처럼 유용한 기술을 제대로 누리고 있을까요?

기술의 혜택을 받지 못하는 사람들

먹을 물을 찾아 하루 여덟 시간씩 사막을 걷는 아프리카 어린이에게 고화질 텔레비전을 생산하는 기술이 '인간 생활에 유용한 기술'일까요? 길에서 사는 노숙자는 칸마다 온도를 다르게 설정할 수 있는 김치 냉장고를 보며 기술이 인간의 삶에 도움을 준다고 생각할까요? 전 세계의 과학자와 기술자는 더 나은 세상을 만들기 위해 밤낮으로 기술을 개발하고 연구를 합니다. 그러나 불행하게도 현대의 과학 기술은 지구에 사는 63억 명의 사람 중 약 10퍼센트에 해당하는 6억 명에게만 실질적인 도움을 주고 있습니다. 지구에 거주하는 사람 10명 중 9명은 유용하고 편리한 기술의 혜택을 누리지 못하는 것이지요. 또한, 기술의 혜택을 누리는 상위 10퍼센트의 사람들은 대부분 선진국에 살고 있어요. 반면 과학 기술의 혜택으로부터 소외된 90퍼센트의 사람들은 가난한 **개발도상국**에서 사는 경우가 많습니다. 이 소외된 90퍼센트의 사람들은 언제까지 기술의 혜택을 누리지 못해야 할까요?

깨끗한 식수를 얻기 위한 기술은 생존에 필수적이지만 이조차도 누리지 못한 채 살아가는 사람들이 있다.

세계가 100명이 살고 있는 마을이라면

세계가 100명이 살고 있는 마을이라면,

- 62명은 상하수도가 설치된 환경에서 살고, 38명은 이질, 콜레라, 장티푸스 같은 전염병에 걸릴 위험이 있는 환경에서 산다.

- 87명은 가까운 곳에서 깨끗한 물을 구해 사용하고, 13명은 날마다 물을 얻기 위해 온종일 먼 길을 걷는다. 게다가 대개 물을 긷는 일은 여자와 아이들이 한다.

- 76명은 전기를 이용해 밤에 불을 밝히고, 24명은 전기 없는 어두운 밤을 보낸다. 전기로는 많은 일을 할 수 있지만, 불을 밝히는 용도가 아닌 다른 용도로 전기를 사용하는 사람은 많지 않다.

- 가장 잘사는 10명은 1년에 9,760만 원이 넘는 돈을 벌고, 가장 못사는 10명은 1년에 80만 원(하루 약 2,200원)의 돈을 번다. 나머지 80명 중 40명은 1년에 240만 원(하루 약 6,500원)의 돈을 번다. 지구 마을에서 1년 동안 생활하는 데 드는 비용은 약 550만 원에 불과하다. 만일 마을에 있는 돈을 똑같이 나누면 한 사람이 1년에 1,150만 원을 가질 수 있다. 하지만 지구 마을은 돈을 공평하게 갖고 있지 않다. 가장 잘사는 10명이 전 세계 재산의 약 85퍼센트를 차지하고 있기 때문이다. 그래서 대부분 사람들은 기본적인 생활에 꼭 필요한 기초생활비조차 가지고 생활하지 못한다.

적정기술이란 무엇일까요?

적정기술은 기술이 사용되는 사회 공동체의 정치적·문화적·환경적 조건을 고려해 고안된 기술로, 삶의 질을 실질적으로 향상시킬 수 있는 기술을 말합니다. 여기서 실질적으로 향상시킨다는 말의 의미는 사람들에게 가장 절실하게 필요한 도움을 준다는 것입니다. 예를 들면, 아프리카에 사는 어린이에게 도움을 줄 수 있는 기술은 많습니다. 컴퓨터와 인터넷을 만드는 기술은 더 넓은 세상을 볼 수 있도록 도와줄 것이며, 장난감을 만드는 기술은 즐거운 시간을 보낼 수 있도록 도와줄 것입니다. 하지만 이러한 기술이 과연 기초적인 생활 수단조차 부족한 어린이의 삶에 실질적인 도움을 줄 수 있을까요? 이 어린이에게는 맑은 물을 얻을 수 있는 기술, 예를 들어 지하수를 구하는 기술이나 오염된 물을 정화하는 기술이 더 큰 도움이 될 거예요. 이렇게 사람들의 삶의 질을 개선하는 데에 실질적인 도움을 줄 수 있는 기술을 우리는 적정기술

찬성 VS 반대

기술 혁신은 경제 발전의 원동력이다. 기술 혁신은 사회 투자를 증가시켜 경제를 부흥시킨다. 기술 혁신은 같은 노동력으로 더 많은 생산을 가능하게 하며, 보다 성능이 좋고 값이 싼 제품들을 생산하게 하여 사회를 변화시키기 때문이다.

– J. A. 슘페터 오스트리아 출신의 경제학자

과학 기술이 발전하면 할수록 개발도상국과 선진국 간의 그리고 선진국 내의 빈부 격차가 심해지고, 이는 소득 분배의 불평등을 초래한다. 대단위 자본과 기술 집약에 기반을 둔 경제 체제가 아닌 개개인의 삶에 구체적으로 관심을 갖는 경제 체제야말로 인간을 행복하게 한다.

– 에른스트 슈마허 독일 출신의 경제학자

기술의 혜택으로부터 소외된 사람들에게 실질적인 도움을 주기 위해 사람들의 필요를
먼저 파악하는 것이 적정기술의 출발점이다.

이라고 부릅니다. 적정기술은 기술의 혜택을 누리지 못하는 소외된 90
퍼센트의 사람들에게 도움을 줄 수 있기에 '소외된 90퍼센트와 함께하
는 기술'이라고도 합니다.

적정기술의 역사

적정기술의 개념이 처음 등장한 것은 1965년 칠레의 수도 산티아
고에서 열린 **유네스코**(UNESCO) 회의입니다. 영국의 경제학자 에른스
트 슈마허는 이 회의에서 원시적인 기술보다는 우수하지만, 선진국의
거대 기술보다 비용이 덜 들고 소박한 기술인 '중간기술(Intermediate
technology)'을 소개했어요. 슈마허는 중간기술이 라틴 아메리카의 발전

세계보건기구(WHO)에 따르면 전 세계 인구의 13퍼센트에 해당하는 약 8억 8,400만 명이 식수가 부족한 환경에 살고 있다. 또한《소외된 90%를 위한 디자인》에 따르면 전 세계 아이들 중 20퍼센트에 달하는 약 4억 명의 아이들이 깨끗한 식수를 마시지 못하고 있다. 이러한 문제를 해결하기 위해 다양한 적정기술 제품이 고안·보급되었다.

이 제품들 가운데 라이프스트로(Life straw)는 어떠한 전기적 장치도, 교체품도 필요 없는 휴대용 정수기다. 베스트가드 프랑센(Vestergaard Frandsen)이 만든 이 제품은 빨대 모양으로 되어 있으며, **필터**가 내장되어 있다. 이 필터를 통해 99.8퍼센트의 수인성 박테리아와 98퍼센트의 바이러스를 제거된 물을 마실 수 있다. 이 정수기는 한 사람이 1년 동안 마실 수 있는 분량인 약 700리터의 물을 거를 수 있다. 라이프스트로는 **유니세프**(UNICEF)나 민간 구호단체들에 의해 수질 오염이 심각한 지역에 보급되고 있다.

라이프스트로 덕분에 사람들이 깨끗한 식수를 마실 수 있게 되었다. 이 제품은 현재 가나, 나이지리아, 우간다, 파키스탄 등지에서 사용되고 있다.

에 크게 기여할 수 있다고 주장했고, 이때 소개된 중간기술이 훗날 적정
기술의 기반이 되었습니다.

적정기술이라는 단어가 본격적으로 사용되기 시작한 곳은 1970년대
미국입니다. 당시 중동에서 수입하던 석유의 가격이 급등하면서 미국은
석유 파동이라는 심각한 사회적 문제에 직면해 있었어요. 이 사건으로
인해 미국인들은 쉽게 얻을 수 있는 자원이라고 여기던 석유가 구하기
어려워질 수도 있고 고갈될 수도 있다는 사실을 깨닫고 충격을 받았어
요. 이러한 상황을 타개하기 위해 일부 과학 기술자들이 적정기술에 주
목했어요. 이들은 '가격이 저렴하고, 쉽게 사용할 수 있으며, 화석 에너
지 보존에 기여하고, 저소득층의 삶을 개선할 수 있는 기술'을 개발하고

▎ 석유 파동을 계기로 사람들은 적정기술의 중요성을 깨닫기 시작했다.

자 했습니다. 마침내 1979년 미국 캘리포니아 주에서는 적정기술을 통해 저소득층과 소수 민족의 삶의 질을 향상시키기 위해 적정기술국(The Office of Appropriate Technology)이라는 부서가 설립되기도 했답니다.

최근에는 적정기술이 다양한 방식으로 개발되고 보급되면서 전 세계적으로 많은 각광을 받고 있습니다. 일반적으로 적정기술은 개발도상국의 발전을 돕기 위해 사용되는 경우가 많아요. 하지만 선진국 내에서도 저소득층을 경제적으로 돕거나 태풍, 홍수, 화재 등의 재해가 닥쳤을 때도 적정기술을 사용하기도 합니다.

적절하게 만들어져 적절하게 보급되기까지

'적정'이라는 단어는 어떤 상황이나 조건에 꼭 맞다는 뜻이에요. 따라서 적절한 기술을 개발하기 위해서는 개발자가 기술의 사용자가 처한 상황과 생활 환경을 먼저 알아야 합니다. 물론 기술이 사용되는 사회의 문화와 사용자의 지적, 경제적 수준 등도 파악해야 하지요. 그래야만 사람들에게 꼭 필요한 도움을 주는 제품을 만들 수 있기 때문입니다.

사용자에게 꼭 맞는 기술이 개발되는 것만큼이나 적절한 방법으로 기술이 보급되는 것도 중요해요. 기술이 개발된 뒤에 사용자에게 제대로 전달되지 못한다면 그 기술이 인간의 삶에 유익하게 작동할 수 없으니까요. 따라서 적정기술이 사용자에게 어떻게 전달되는지, 현지에서 적정기술을 지속적으로 사용하기 위해서는 어떤 전달 구조가 필요한지를 고려해야 합니다.

물과 관련된 적정기술

적정기술은 기술을 사용하는 공동체의 정치적·문화적·환경적 조건에 알맞아야 한다. 따라서 같은 문제를 해결하는 데에도 공동체의 특성에 따라 서로 다른 적정기술이 요구된다.

• 라이프스트로 패밀리 유닛

일부 개인에게만 라이프스트로를 보급하면 사람들 사이에 위화감이 조성되어 공동체 의식이 저해되는 경우가 있는데, 라이프스트로 패밀리 유닛은 이를 방지해 준다. 또한, 지역의 수자원에 진흙 등의 미세한 입자가 많아서 침전 등의 **전(前)처리**가 필요한 경우에도 이 제품이 사용된다. 라이프스트로 패밀리 유닛은 한 가구가 2년 동안 사용할 수 있는 분량의 물을 정수할 수 있다.

• 세라믹필터

세라믹필터를 이용하면 초벌 된 도자기의 미세한 구멍으로 물이 빠져나가는 과정에서 **수인성 질병**을 야기하는 미생물이 걸러진다. 세라믹필터는 도자기를 만들기에 적합한 토양이고, 비교적 깨끗한 수자원을 얻을 수 있는 지역에 보급된다.

• 바이오샌드필터

바이오샌드필터는 모래와 자갈, 미생물을 이용하여 만든 정수기다. 이 제품은 모래와 자갈 등의 자원이 많은 지역에서 주로 활용된다. 다른 제품에 비해 유지 방법과 관리 방법이 까다롭기 때문에 사용자에 대한 교육이 가능해야 한다.

간추려 보기

- 기술은 과학 이론을 실제로 적용해 자연의 사물을 인간 생활에 유용하도록 가공하는 수단이다.
- 적정기술은 사회 공동체의 정치적·문화적·환경적 조건을 고려하여 고안된 기술로, 인간의 삶의 질을 실질적으로 향상시킬 수 있는 기술이다. 적정기술의 개념은 영국인 경제학자 에른스트 슈마허가 제시한 중간기술로부터 시작되어 현재에 이르고 있다.
- 기술의 혜택을 제대로 누리는 사람은 전 세계 인구의 약 10퍼센트 정도에 불과하고, 나머지 사람들은 기술의 수혜를 입지 못한다고 할 수 있다. 그래서 적정기술을 '소외된 90퍼센트를 위한 기술'이라고도 부른다.

2
CHAPTER

필요로부터 시작되는 적정기술

사람들은 대개 적정기술을 수준이 낮은 기술이나 가난한 사람들을 위한 기술이라고 오해합니다. 그러나 어떤 기술이 적정기술인지를 판단하는 과정에서 가장 핵심적인 요소는 기술의 수준이나 기술의 수혜를 받는 사람의 경제적·사회적 지위가 아닙니다. 오히려 그 기술이 어떤 이유로 개발되었는가가 일반적인 기술과 적정기술을 가르는 기준이 되지요.

일반적으로 말하는 기술과 적정기술을 구분하는 기준은 무엇일까요? 첨단(고급)기술이 사용되지 않으면 적정기술인 걸까요? 아니면, 개발도상국 사람들을 위한 기술만 적정기술에 해당할까요?

사람들은 대개 적정기술을 수준이 낮은 기술이나 가난한 사람들을 위한 기술이라고 오해합니다. 그러나 어떤 기술이 적정기술인지를 판단하는 과정에서 가장 핵심적인 요소는 기술의 수준이나 기술의 수혜를 받는 사람의 경제적·사회적 지위가 아닙니다. 오히려 그 기술이 어떤 이유로 개발되었는가가 일반적인 기술과 적정기술을 가르는 기준이 되지요. 어떤 기술이 적정기술인지 아닌지를 판단하기 위해서 가장 먼저 던져야 하는 질문은 '이 기술이 사람의 필요로부터 개발되었나?' 하는 것입니다.

기술과 필요 사이의 관계

기술은 사람이 느끼는 필요와 관련되어 있습니다. 기술과 필요 사이의 관계는 크게 두 가지로 분류할 수 있어요. 기술주도형(Technology push)과 수요견인형(Need pull)이지요. 기술주도형 기술은 기술이 발전하면서 생산된 제품에 의해 사람의 필요가 생겨나는 기술을 지칭합니다. 반면 수요견인형 기술은 사람의 필요가 기술의 개발이나 적용을 유도하는 경우를 의미하지요. 적정기술의 첫 번째 특징은 사람의 필요로부터 비롯된 기술이라는 점입니다. 다시 말해, 적정기술은 필요와 수요견인형 관계에 있습니다.

● **기술주도형 기술**

사람의 필요 때문에 생겨난 것이 아니라 기술이 발전함에 따라 사람의 필요가 생기는 기술을 기술주도형 기술이라고 부릅니다. 이러한 기술은 수요를 충족시키기 위해 개발된 기술이 아니라 기술이 존재하기 때문에 사람들이 필요를 느끼게 되는 기술입니다. 일례로 텔레비전은 여가 시간을 즐기려는 사람들의 필요 때문에 만들어진 제품이 아니에요. 오히려 제품이 생겨난 뒤 사람들이 이러한 제품이 있다는 것을 알고 이를 즐기기 위해 구매합니다. 즉, 영상을 만들고 주고받는 각종 기술의 결합으로 텔레비전이 생겨났고, 이 제품이 사회에 알려지면서 사람들이 텔레비전을 구매할 필요를 느끼게 된 거지요.

우리가 사는 세상에는 스마트폰, 컴퓨터, 자동차, 냉장고, 에어컨, 비데 등 첨단기술을 통해 생산된 제품이 널려 있습니다. 또한 접하기는 어려워도 우주 탐사선, 인공위성, 잠수함, 엑스레이 등도 첨단기술을 통해 제작되었고, 우리 삶에 영향을 미치고 있고 또한 생활에 필요합니다. 이들 제품처럼, 대량 생산이 가능해진 산업화 시대 이후에 개발된

▎ 컴퓨터는 가장 대표적인 기술주도형 제품이다.

제품 대부분은 기술주도형 제품에 해당한다고 할 수 있어요. 왜냐하면 물품의 대량 생산이 가능해졌다는 것은 자본의 축적이 예전보다 쉬워졌다는 말입니다. 이는 다시 말해서 기업들이 새로운 기술을 개발해 새 제품을 만들기만 하면 대량 생산을 해 큰 수익을 얻어 자본 축적이 가능해진다는 소리이기도 합니다. 새 제품을 만들어 수익을 낳기 위해서는 사람들에게 새로운 필요를 느끼게 해야 합니다. 그래야 소비자가 그 제품을 구입하고 기업이 이익을 가져갈 수 있기 때문입니다. 그래서 기업은 사람들에게 새로운 필요를 창출할 새로운 기술이 필요했고 새로운 기술 개발에 자본을 투여했습니다. 또한 시장에서 요구하는 기술은 남들이 쉽게 따라할 수 없는 당대의 최선진 기술인 첨단기술이었습니다. 그래

사례탐구 개발도상국을 위한 인큐베이터

매년 개발도상국에서는 약 2천만 명의 조산아가 태어나고, 매년 약 400만 명의 조산아가 체온을 유지할 방법을 찾지 못해 죽는다. 이러한 조산아의 생존 가능성을 높이기 위해서는 아기를 인큐베이터에 넣고 세심하게 돌봐야 한다. 그러나 개발도상국에서 값비싼 인큐베이터를 구하는 일은 언감생심, 매우 어려운 일이다.

티모시 프레스테로가 이끄는 사회적 기업인 디자인 댓 매터스(Design That Matters)는 자동차 폐기물을 이용해 만들 수 있는 인큐베이터 제작 기술을 개발했다. 선진국의 중고 자동차가 개발도상국으로 유입되어 다시 사용된 뒤 버려지는 경우가 많아 자동차 폐기물은 개발도상국에서도 비교적 구하기 쉬운 자원이다. 이 프로젝트 팀은 자동차 덮개를 이용해 인큐베이터의 외벽을 만들고, 자동차 전조등을 이용해 인큐베이터 내부의 온도를 유지하는 발열기를 만들었다. 그리고 자동차 바퀴를 인큐베이터에 달아 이동을 용이하게 설치했다. 네오너쳐(Neonurture)라는 이 인큐베이터는 〈타임〉 지가 뽑은 2010년 최고 발명품에 선정되었다.

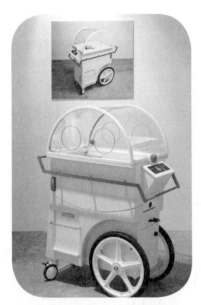

네오너쳐는 인간의 필요로부터 고안된 대표적인 수요견인형 적정기술 제품이다.

야 기술 개발에 투자된 자본을 기업이 회수할 수 있기 때문입니다. 그래서 첨단기술 가운데는 기술주도형 기술이 많이 있습니다. 하지만 이러한 기술주도형 기술은 정작 기술 본연의 의무인 사람을 유익하게 하는 일을 소홀히 하기도 합니다. 원자폭탄 제조 기술이 대표적인 그러한 예이지요. 원자폭탄 제조 기술은 첨단기술임에는 분명하지만, 우리 인류에게 이롭지는 않아요.

● 수요견인형 기술

수요견인형 기술은 기술주도형 기술과는 달리 사람들의 필요를 충족시키기 위해 개발합니다. 깨끗한 물을 쉽게 얻지 못하는 사람들에게 정수된 물을 쉽게 공급하는 방법은 없을까? 무거운 물통을 머리에 이고 온종일 더벅더벅 걷는 아프리카 어린이들을 도와줄 방법은 없을까? 추운 겨울에 적은 난방비로 집안을 따뜻하게 하려면 어떻게 해야 할까? 이러한 질문들에 대해 기술적 해결책을 제시하는 기술이 바로 수요견인형 기술입니다.

곰곰이 생각해보면 우리 주변에서도 다양한 수요견인형 제품을 찾을 수 있습니다. 물놀이를 할 때 사진을 찍을 수 있게 도와주는 방수 팩, 바닥의 경사를 알 수 있게 수평계가 설치된 골프화, 지우개를 쉽게 잃어버리지 않도록 만든 지우개 달린 연필 등의 제품이 대표적인 수요견인형 제품이라고 할 수 있어요. 이처럼 사람들이 생활하면서 불편하다고 느끼는 부분을 개선하기 위해 만들어진 제품은 모두 수요견인형 제품에 해당합니다.

사례탐구 깡통라디오

　1963년 3월 17일, 인도네시아 발리의 가장 높은 산이자 활화산인 아궁산이 화산 폭발했다. 갑작스러운 폭발과 이로 인한 지진은 주변 지역을 폐허로 만들었으며, 독성 가스와 용암이 분출되면서 발리 동부가 초토화되었다. 이 때문에 2천여 명이 죽고 약 10만 명이 집을 잃었으며, 농경지가 용암과 화산재에 파묻혔다.

　사회적 디자인에 관심이 많았던 빅터 파파넥이라는 디자이너는 화산 폭발 이후 유네스코 개발도상국 지원 프로그램단의 일원으로 발리를 방문했다. 파파넥은 집집마다 간단한 통신 기기가 있었다면 사람들이 더 빨리, 더 많이 대피할 수 있었을 거라고 생각했다. 실제로 아궁산은 폭발 한 달여 전인 2월 18일부터 분출을 암시하는 징후를 보였는데도 이러한 상황이 잘 알려지지 않은 탓에 피해가 커졌던 것이다.

　빅터 파파넥은 현지에서 쉽게 구할 수 있는 재료를 이용해 통신이 가능한 라디오를 만들기로 결심했고, 관광객들이 버린 빈 깡통으로 라디오를 제작했다. 라디오의 동력원으로는 태울 수 있는 오물과 동물의 배설물 그리고 초를 만드는 파라핀 왁스를 사용했다. 완성된 깡통라디오의 가격은 9센트(약 100원)였다. 빅터 파파넥은 깡통라디오를 개발한 공로를 인정받아 유네스코 개발도상국 디자인 기여부문 특별상을 받았다.

빅터 파파넥은 디자인이 사람들의 삶 전반에 긍정적인 영향을 미친다고 믿었다.

개발도상국에서 적정기술을 많이 사용하는 이유

현대 사회에는 사람들의 필요를 충족시키는 수많은 기술이 존재합니다. 우리는 그중 필요한 기술은 사용하고, 필요하지 않은 기술은 사용하지 않으면 됩니다. 그러나 적정기술을 필요로 하는 사람들 대부분은 이러한 기술을 접하기가 쉽지 않아요. 개발도상국에 사는 많은 사람들은 휴대전화나 인터넷을 사용하지 못하는 것은 물론, 수도관이나 정수기가 없어 더러운 물을 마시는 상황입니다. 또한, 가스레인지가 없는 지역에서는 요리를 하기 전에 땔감을 따로 구해야만 합니다. 이처럼 개발도상국에 사는 사람들은 기술의 혜택을 누리기는커녕 기본적인 기술에 접근하기조차 어려운 경우가 많습니다. 적정기술 제품은 이들의 이러한 필요를 어떻게 채워 줄 수 있을지 고민하는 과정에서 시작한 전형적인 수요견인형 기술이기 때문입니다.

적정기술에 대한 오해

적정기술이 어려운 처지의 사람들에게 도움이 된다는 이유로 어떤 사람들은 적정기술을 착한 기술이라고 부르기도 합니다. 적정기술이 누군가의 절실한 필요를 채워 주는 것은 사실이지만, 착한 기술보다는 적정기술이라는 표현을 쓰는 것이 좋습니다. 기술주도형 기술과 수요견인형 기술은 각각의 특징에 따라 기술을 분류한 것일 뿐, 착한 기술과 나쁜 기술이 따로 있는 것은 아니기 때문입니다. 기술주도형 제품을 생산하는 기술을 포함해, 기술은 기본적으로 인간의 삶에 유익함을 선물합니다.

사례탐구 자전거 세탁기

  선진국에 사는 사람들은 세탁기로 빨래를 하지만, 전력이 부족한 개발
도상국에서는 세탁기가 있어도 사용하지 못한다. 그래서 세계 여러 나라
에는 온종일 손빨래를 하며 하루를 보내야 하는 여성들이 많다. 매사추세
츠공과대학교(MIT)에 개설된 적정기술 강좌인 디랩(D-Lab)을 수강하는
학생들은 이러한 개발도상국 여성들을 위해 자전거 세탁기를 만들었다.
  디랩의 학생들이 고안한 자전거 세탁기는 개발도상국에서 비교적 구하
기 쉬운 재료인 자전거와 드럼통으로 구성되어 있다. 이들은 드럼통을
잘라낸 다음 자전거의 체인을 연결해 페달을 밟으면 드럼통이 돌아가는
구조를 만들고, 드럼통 내부에 물과 빨래를 회전시켜 세탁을 가능하게
하는 장치를 설치했다. 디랩은 과테말라의 **비정부기구**인 마야 페달(Maya
Pedal)과의 협력을 통해 자전거 세탁기를 싼값에 보급하고 있다.

자전거 세탁기는
기술이 반드시 화
려하거나 복잡할
필요가 없다는 사
실을 증명하는 적
정기술 제품이다.

사람들은 기술이라는 단어를 들으면 무언가 어려운 것을 떠올리곤 합니다. 이는 아마도 현대 사회에는 일반 사람들이 이해하기 어려운 첨단기술로 만든 제품이 많기 때문일 거예요. 하지만 기술은 반드시 어렵고 복잡한 것만을 의미하지는 않아요. 아무리 간단하고 단순하더라도 인간의 생활에 도움을 주는 방법이라면 기술이 될 수 있어요. 적정기술도 마찬가지입니다. 아무리 사소한 기술일지라도 사람들에게 적절한 도움을 주기 위해 개발된다면 적정기술이 될 수 있습니다.

그렇다면 기술주도형으로 개발된 제품은 적정기술 제품이 될 수 없을까요? 꼭 그렇지는 않아요. 적정기술은 사용자의 필요를 충족시키기 위해 개발된 기술이므로, 같은 제품이 사용자와 상황에 따라 적정기술이 될 수도 있고 되지 못할 수도 있답니다. 텔레비전과 같은 기술주도형 제품도 원래 기능 이외에 다른 필요를 채우기 위해 사용하면 적정기술 제품이 될 수 있어요. 아이가 혼자 집을 지킬 때 어른이 계신 것 같은 소리를 내기 위해 텔레비전을 틀어 놓는 경우를 예로 들 수 있지요. 적정기술은 사람의 필요를 채우기 위해 주변에서 사용 가능한 기술을 이용하는 일에서부터 시작되기 때문입니다.

비슷한 맥락에서, 일반적인 적정기술 제품도 적절하지 않은 상황에서는 제 기능을 다하지 못할 수도 있습니다. 예를 들어, 훌륭한 적정기술 제품으로 알려진 세라믹필터도 수원에 진흙이나 미세 부유물이 많은 지역에서는 물을 제대로 정수하지 못하므로 제 기능을 발휘하지 못해요. 따라서 올바른 적정기술을 실천하기 위해서는 사람의 필요와 환경에 대한 정확한 이해가 중요합니다.

- 적정기술은 사람의 필요로부터 고안되어 개발된 기술이다. 따라서 똑같은 기술이라도 필요를 충족시켜 줄 수 있는지에 따라 적정기술이 될 수도 있고, 안 될 수도 있다.

- 기술이 발전함에 따라 사람들의 필요가 생긴 제품을 기술주도형 제품이라고 하며, 사람들의 필요 때문에 고안된 제품은 수요견인형 제품이라고 한다.

- 기술을 착한 기술, 나쁜 기술의 이분법적 기준으로 구분하는 것은 바람직하지 않다. 모든 기술은 올바르게 쓰이기만 하면 사람들에게 편리함과 유용성을 제공하기 때문이다.

3

CHAPTER

주인 의식을 심어 주는 적정기술

누군가의 삶을 궁극적으로 개선해 주기 위해서는 그 사람에게 주인 의식을 심어 주어야 합니다. 적정기술은 기술의 사용자에게 주인 의식을 심어 주는 일을 중요하게 생각합니다. 단순히 누군가를 도와주는 기술이 아니라 기술의 사용자가 주인 의식을 갖게 함으로써 그 사람의 삶을 궁극적으로 개선하는 기술을 우리는 적정기술이라고 부릅니다.

안철수가 무의촌에 의료 봉사를 갔을 때의 이야기입니다. 봉사 초기에 환자들을 진료해도 병이 좀처럼 낫지를 않아 안철수는 걱정이 많았습니다. 자신의 의술이 부족해서 그런 것인지 고민했다고 합니다. 그런데 얼마 뒤 그는 흙바닥에서 알약으로 공기놀이를 하는 아이들을 발견했어요. 환자들이 약을 제대로 먹지 않고 버렸던 것이지요. 이후 그는 환자를 진료할 때 100원씩 진료비를 따로 받았습니다. 물론 터무니없이 싼 가격이었지만, 환자들이 '주인 의식'을 갖도록 하기 위해서였죠. 그 뒤로 환자들은 약을 꼬박꼬박 챙겨 먹었고, 완치율이 높아졌습니다.

주인 의식이란 어떤 일이나 사물에 대해 스스로 주인이라는 생각을 갖고 주체적으로 행동하는 것을 말합니다. 어떤 사람의 삶이 긍정적으로 변화하기 위해서는 주변의 도움은 물론 당사자의 주인 의식이 필요합니다. 마찬가지로 적정기술도 누군가의 삶을 궁극적으로 개선하기 위해서는 사용자의 주인 의식을 필요로 하지요. 사람들은 주인 의식을 느낄 때 책임감을 갖고, 권리에 대해 인지하며, 상황에 주도적으로 참여하기 때문이에요.

다양한 필요

우리 주변에는 우리의 삶을 편리하게 만들어 주는 제품들이 많습니다. 집 안만 보더라도 컴퓨터, 냉장고, 텔레비전, 전기밥솥, 세탁기 등 사람들의 필요를 채워 주는 가전제품이 많지요. 경제적으로 어려운 가정을 제외하면 대부분 가정에는 비슷한 가전제품들이 있을 겁니다. 그러나 집집마다 가전제품의 크기나 용량이 다르고, 기능이 더 복잡하거나 단순하기도 하고, 디자인도 다 다를 거예요. 똑같이 전기밥솥과 냉장고를 갖고 있더라도 크기, 모양, 기능 등이 모두 정확하게 동일한 제품들을 사용하는 집은 많지 않아요.

그 이유는 사람마다 필요가 다르며 이에 따라 제품을 선택하는 기준이 다르기 때문입니다. 예를 들어 식구가 많은 집에서는 한 번에 5, 6인분의 밥을 지을 수 있는 큰 전기밥솥을 쓰지만, 식구 수가 적은 가정에서는 그보다 작은 용량의 전기밥솥을 필요로 하지요. 또 어떤 가정에서는 전기밥솥이 밥만 지을 수 있으면 된다고 생각하지만, 다른 가정에서는 자동 세척이나 부가 조리 기능 등 다른 기능도 중시합니다. 사람들은 서로 다른 상황과 환경에 속해 있으며, 개개인은 각기 다른 취향을 갖고 있기에 사회에는 참으로 다양한 필요가 존재합니다. 우리는 수많은 제품 중 각자의 필요를 가장 잘 채울 수 있는 제품을 선택함으로써 다양한 필요를 충족시키지요.

여러 종류의 제품을 쉽게 접하기 어려운 사람들에게도 다양한 필요는 존재합니다. 인도나 캄보디아, 태국 등의 개발도상국을 방문해 본 경험이 있다면 도로를 가득 채운 오토바이나 자전거를 본 적이 있을 거예요. 개발도상국에서는 교통 수단으로 자동차보다 오토바이와 자전거를 이용하는 사람들이 더 많기 때문이에요. 이들을 자세히 살펴보면 얼마나 다양한 필요를 갖고 살아가는지 알 수 있습니다. 몇몇 사람들은 오토바이나 자전거 뒤에 의자나 나무 판자를 달아 사람들을 태우기도 해요. 때로는 판자와 끈을 이용해 오토바이나 자전거 뒤에 많은 짐을 싣기도 해요. 물자가 부족하고 가난한 지역에서도 사람들은 자신의 상황에 맞게 나름의 방법으로 필요를 채우고 있는 겁니다. 가령 땔감을 태우는 화덕도 가정마다 크기와 모양이 다르고, 볏짚을 엮어 만든 지붕이나 대

도로 상황이 복잡하고 상대적으로 교통수단이 부족한 개발도상국가의 사람들은 각자의 상황과 필요에 맞게 오토바이나 자전거를 개조해서 사용한다.

사례탐구 수도꼭지와 사다리

 인도네시아에 식수가 부족한 마을이 있었다. 이곳 사람들은 흙탕물 수준의 강물을 식수로 사용했고, 이 때문에 수인성 질환으로 고통받는 이들이 많았다. 지역개발지원기구에서는 이 문제를 해결하기 위해 마을에 물탱크를 설치했다. 이 물탱크는 빗물을 저장할 수 있고, 물탱크 아래쪽에는 어린이도 쉽게 물을 받을 수 있는 현대식 수도꼭지가 설치되었다.

 그러나 얼마 뒤 지원팀이 다시 마을을 찾았을 때 물탱크의 수도꼭지는 열려 있었고 물은 한 방울도 남아 있지 않았다. 마을 사람들은 강물을 떠 마시는 일에 익숙한 나머지 수도꼭지를 잠가서 흐르는 물을 막아야 한다는 생각을 하지 못했던 것이다. 이 때문에 수도꼭지가 열려 있는 동안 물은 계속 흘러나갔고, 비가 온 직후를 제외하고는 물탱크가 제 기능을 하지 못했다.

 지원팀은 마을 사람들에게 물탱크의 역할과 수도꼭지의 사용법에 대해서 알려 준 뒤 마을을 떠났다. 그런데 얼마 뒤 마을을 다시 방문했을 때 지원팀은 예기치 못한 광경을 목격했다. 수도꼭지는 계속 잠겨 있고 여러 명의 아이들이 물탱크 위로 기어 올라가 물을 긷고 있었다. 왜 힘들게 물탱크를 기어 올라갔느냐는 지원팀의 질문에 현장에서 물을 긷고 있던 한 어린이는 다음과 같이 말했다.

 "수도꼭지를 사용하면 한 번에 한 명만 물을 받을 수 있잖아요. 우리는 줄을 서고 싶지 않아요."

 지원팀은 그제야 이 마을 사람들에게 기다림 없이 물을 길어야 하는 필요가 있다는 사실을 깨달았다. 그리고 마을 사람들에게는 그 필요가 현대식 수도꼭지로 간편히 물을 얻는 일보다 더 절실하다는 것 또한 알게 되었다. 이들은 어린이들이 물탱크를 쉽게 오르내릴 수 있게 사다리를 설치했고, 마을 사람들은 수도꼭지보다 사다리를 더 좋아했다.

나무로 만든 곡식 건조대도 그 크기와 형태가 각자의 필요에 맞게 다양합니다. 이러한 모습을 보면 가난한 사람들도 부유한 사람들처럼 다양한 필요를 지니고 있고, 이를 충족시키기 위해 저마다의 방법을 찾아 해결한다는 것을 알 수 있습니다. 주어진 환경 속에서 고유의 개성을 추구하는 일은 빈부와 남녀노소를 떠나 모든 인간이 가진 기본적인 욕구입니다.

참여와 주인 의식

자신에게 꼭 맞는 물건을 구매하는 일은 쉽지 않습니다. 이 물건이 필요할 때가 언제인지, 기능은 사용하기에 적절한지, 물건의 가격은 적당한지 등을 고민하고 신중하게 결정을 내려야 하기 때문이지요. 그리고 이런 선택의 과정에 직접 참여해 물건을 구매했을 때, 그 물건은 누군가에게 물려받았거나 어쩌다 갖게 된 제품보다 사용자의 필요를 더 잘 채워줄 것입니다.

앞서 살펴본 것처럼 사람들은 저마다 다양한 필요를 지니고 있으므로, 누군가의 필요를 채워 주기 위해서는 개발자는 우선 필요에 대한 정확한 이해가 선행되어야 합니다. 이를 위해서는 그 사용자의 참여가 전제되어야 하지요. 어느 누구도 다른 사람의 필요를 정확히 알 수는 없기 때문입니다. 또, 이때의 사용자의 참여는 책임감과 권리 의식을 동반해야 합니다.

책임감과 권리 의식이 동반된 사용자의 참여를 이끌어 내려면 어떻게 해야 할까요? 그 열쇠는 주인 의식에 있습니다. 주인 의식이란 자신

사례탐구 펄핑머신

일본의 한 원조 단체는 인도네시아의 말루쿠 지역에 커피콩의 껍질을 벗기는 기계인 펄핑머신(Pulping machine)을 지원했다. 커피를 상품으로 판매하기 위해서는 가공 과정에서 커피콩의 껍질을 벗겨야 하는데, 펄핑머신이 있으면 이 과정에 걸리는 시간을 단축할 수 있었다. 이 지역에서는 커피를 환금 작물로 재배하므로, 원조 단체는 펄핑머신이 지역의 경제 활동에 큰 도움이 될 거라고 생각했다.

하지만 이러한 예상은 빗나갔다. 펄핑머신이 제대로 작동할 때는 매우 편리했지만 자주 고장났고, 현지 주민들은 이 기계를 고쳐 사용하려고 하지 않았다. 대신 일본인 관리자가 와서 기계를 고쳐 줄 때까지 예전처럼 손으로 커피콩 껍질을 벗겼다. 얼마 뒤 원조 단체는 지원했던 기계를 관리해 주는 일을 그만두었다. 말루쿠 지역의 사람들이 기계를 사용하기에 안식 수준이 떨어진다고 판단했기 때문이다.

그로부터 몇 년 뒤, 이 지역을 다시 방문한 원조 단체 관계자들은 깜짝 놀랐다. 현지인들이 예전의 펄핑머신을 반수동으로 개조해서 계속 사용하고 있었던 것이다. 반수동 펄핑머신은 자동 펄핑머신보다는 불편했지만, 현지인들이 스스로 수리할 수 있고 껍질이 벗겨지는 정도를 조절할 수 있는 새로운 기능도 추가되어 있었다.

이 주인이라는 생각으로 느끼는 권리감과 책임감을 의미합니다. 인도네시아의 펄핑머신 사례는 사용자의 주인 의식의 중요성을 보여 줍니다. 처음 펄핑머신을 지원받은 주민들은 자신들이 이 제품의 주인이라고 생각하지 않았어요. 그래서 펄핑머신을 소중히 다루지 않았고, 부주

의하게 사용하다 고장이 나도 원조 단체가 찾아와서 고쳐 줄 때까지 버려두었습니다. 그러다 원조 단체가 펄핑머신을 관리해 주는 것을 그만두자 그들은 그제야 펄핑머신의 주인이 자신이라 생각하게 됩니다. 원조 단체가 펄핑머신을 버렸다고 생각한 것이지요. 그래서 이들은 펄핑머신을 필요에 맞게 개조해서 원하는 방향으로 사용하게 된 것입니다.

누군가의 삶을 개선시킬 수 있는 방법이 준비되어 있어도 당사자가 주인 의식을 갖지 않고 주체적으로 참여하지 않으면 진정한 변화가 일어나기 어렵습니다. 따라서 누군가의 삶을 궁극적으로 개선해 주기 위해서는 그 사람에게 주인 의식을 심어 주어야 합니다. 적정기술은 기술의 사용자에게 주인 의식을 심어 주는 일을 중요하게 생각합니다. 단순히 누군가를 도와주는 기술이 아니라 기술의 사용자가 주인 의식을 갖게 함으로써 그 사람의 삶을 궁극적으로 개선하는 기술을 우리는 적정기술이라고 부르기 때문입니다.

주인 의식을 심어 주는 기술

사람들은 자신의 것이 아닌 다른 사람의 물건을 받아 사용할 때 종종 불편함을 느낍니다. 만약 어떤 물건을 구매하거나 다른 사람으로부터 받았는데 사용법도 모르고 마음대로 바꾸거나 변형시키지도 못한다면, 우리는 '내가 이 물건의 주인이다.'라고 생각할까요? 아마 그렇지 않을 것입니다. 기술의 경우도 마찬가집니다. 사용자에게 기술에 대한 주인 의식을 심어 주기 위해서는 기술이 사용자가 다루기에 적합한 수준의 기술이어야 합니다. 더불어 사용자가 자신의 필요에 맞게 기술을 변형

비정부기구는 현지 주민들의 주인 의식을 증대시키기 위해 교육을 제공하기도 한다. 제품을 사용하는 사람들이 주인 의식을 갖고 적극 참여해야만 제품의 효용성이 극대화될 수 있기 때문이다. 사진 속 장소는 국제개발기업 캄보디아 지부가 설립한 민영 공장으로, 현지 주민들이 세라믹필터를 만드는 법을 배우고 있다.

시키거나 개선할 수 있어야 하지요. 또한, 사용되는 현지의 상황과 환경에 적합한 기술이어야 합니다. 현지의 자원을 통해 기술을 실현할 수 있어야 사용자들이 기술에 대한 독자적인 주권을 행사할 수 있고, 주인 의식을 가질 수 있어요.

적정기술을 개발하는 사람들이 저지르기 쉬운 실수 중 하나는 제품과 관련된 모든 문제를 개발자가 직접 해결하려고 욕심을 부리는 것입니다. 하지만 적정기술은 이를 사용하는 사람들의 주인 의식과 참여가 꼭 필요한 기술이므로, 사용자의 창의성을 믿어 주는 것이 중요합니다. 그래야만 사용자들에게 도움이 됩니다.

현지 적합성과 적정기술

현지의 자원으로 구현 가능하고, 현지의 상황과 환경에 적합하며, 현지인들이 개선시킬 수 있는 기술을 '현지 적합성을 갖춘 기술'이라고 부릅니다. 이런 기술은 사용자에게 주인 의식을 갖게 하며, 사용자가 주도적으로 삶을 긍정적인 방향으로 변화시킬 수 있도록 도와줍니다.

현지 적합성을 가진 기술은 왜 중요할까요? 이러한 기술은 현지 사람들에게 가장 절실한 도움을 장기적으로 제공할 수 있기 때문입니다. 또한, 현지에 알맞은 기술은 현지의 사회나 문화를 파괴하지 않으면서 사람들의 삶의 질을 개선하는 데 기여할 수 있어요. 기술이 현지 적합성을 갖추게 되면 현지인들이 주도적으로 기술을 사용하게 되고, 시간이 지남에 따라 이를 발전시키고 개선할 수 있기 때문입니다.

적정기술을 이야기할 때에도 많은 사람이 현지 적합성을 강조합니다. 그 이유는 현지 적합성이 적정기술의 특성과 일맥상통하는 면이 있기 때문이에요. 적정기술은 현지 적합성을 토대로 개발되어야 하며 그 기술이 사용되는 사회공동체의 환경을 해치지 않아야 제 기능을 발휘할 수 있어 그렇습니다.

총체적인 지원이란?

최근 적정기술 분야에서는 '총체적인 지원(Holistic aid)'이라는 개념에 대한 토의가 활발하게 진행되고 있습니다. 총체적인 지원이란 인간의 생존과 직결되는 육체적인 필요뿐만 아니라 정신적인 필요까지 충족시켜 주는 지원을 의미해요. 육체적인 필요란 기본적인 의식주에 대한 필

사례탐구 나이지리아의 초음파기기

　나이지리아의 시골 마을 엑베에 위치한 어느 병원은 국제 구호 단체로부터 초음파기기를 지원받았다. 초음파기기는 태아의 위치를 실시간으로 보여 주는 기계로, 출산 시 산모와 태아에게 일어날 수 있는 불의의 사고를 예측하도록 도와준다. 병원의 젊은 의사들은 초음파기기를 사용하는 법을 배웠고, 이를 사용해 임산부들을 진찰했다.

　그런데 얼마 뒤 초음파기기가 고장 났다. 이 기계는 일정하게 220볼트 전압의 전기를 공급받아야 하는데, 나이지리아는 전력 상태가 불안정해서 60볼트에서 300볼트 사이의 전기가 제멋대로 들어왔던 것이다. 이 기계를 수리하기 위해서는 부품을 교체해야 했지만 부품 값과 운송비가 너무 비쌌고, 부품을 공급받기 위해서는 오랜 시간을 기다려야 했다. 게다가 설사 수리했다하더라도, 이후의 고장을 방지하기 위해서는 전기를 안정적으로 공급할 발전기가 필요했다. 기기 자체는 무료로 공급받았지만, 유지비가 너무 비싼 셈이었다.

기술은 기술이 사용되는 사회의 환경에 적합해야 한다.

　초음파기기가 보급되기 전까지 나이지리아의 의사들은 청진기로 태아의 심장 소리를 듣고 그 위치를 파악하고 진찰도 했다. 하지만 초음파기기가 보급되면서 청진기를 통해 태아를 진찰하는 법을 배우지 못한 의사들이 생겨났다. 이러한 상황에서 초음파기기가 고장 난 것이다. 이제 나이지리아 의사들은 태아를 어떻게 진찰할 수 있을까? 과연 이 기기는 지금의 나이지리아 상황에 적절한 제품일까?

요와 재해, 범죄, 가난 등 각종 위험으로부터 안전을 지키고자 하는 필요 등을 지칭하지요. 정신적인 필요란 어딘가에 소속되거나 사랑받고 싶은 필요, 자기 자신과 타인에게 인정받으려는 필요, 자신의 잠재력을 깨닫고 이를 통해 무언가를 이룸으로써 느끼는 성취감에 대한 필요 등을 나타냅니다.

다시 말해서 적정기술을 통해 개발도상국을 지원할 때 생존과 직결되는 경제적, 일시적 필요만 충족시켜서는 안 되며 장기적이고 궁극적인 도움이 되는 정신적 지원까지 이루어져야 함을 의미합니다.

총체적인 지원의 관점에서 볼 때, 사용자에게 주인 의식을 심어 주는 적정기술의 중요성은 더욱 커질 수밖에 없습니다.

주인 의식을 심어 주는 적정기술은 배가 고픈 사람들에게 물고기를 잡아 주는 것이 아니라 물고기 잡는 법을 가르쳐 주고, 당신이 스스로 물고기를 잡을 수 있는 사람이라는 것을 알려 주는 기술이기 때문입니다.

전문가 의견

개발은 인간이 향유할 수 있는 진정한 자유를 확대해 가는 과정이다.
– 아마르티아 센 인도 출신의 경제학자

사례탐구 빅터 파파넥의 참여 디자인

　빅터 파파넥은 화산 폭발로 피해를 입은 인도네시아 사람들을 위해 깡통라디오를 개발했다(30쪽 참조). 처음 파파넥이 개발한 깡통라디오는 깡통 밖으로 전선이 삐죽삐죽 나와 있는 보기 흉한 모습이었다. 전선이 밖으로 나와 있으면 관리가 힘들고 쉽게 고장 나며 위험했다. 파파넥은 사람들이 깡통라디오를 소중하게 여기도록 하려면 라디오의 외관이 아름다워야 한다고 생각했다.

　파파넥은 이 문제를 해결하기 위해 현지인의 힘을 빌렸다. 현지인에게 전선을 깡통 안으로 집어넣고 취향에 맞게 외관을 꾸미도록 패키지 디자인을 맡겼다. 인도네시아 주민들은 주변에서 구할 수 있는 재료를 동원해 근사하게 디자인했다. 몇몇 주민은 깡통라디오를 예쁘게 꾸며 다른 사람에게 판매하기도 했다.

　깡통라디오는 현지 주민들의 노력에 의해 개선되고 더욱 발전할 수 있었다. 이처럼 적정기술 제품은 현지인들의 의지와 창의성이 더해질 때 더욱 큰 의미를 지닌다.

사례탐구 태양열 조리기

　인도의 디팍 가디아, 사린 가디아 부부는 태양열을 이용해 요리할 수 있는 조리기를 개발했다. 하루는 가디아 부부가 태양열 조리기가 보급된 마을을 방문했다가 조리기 위에 납작한 돌을 올려놓은 사람을 보게 되었다.
　"아니, 왜 조리기에 돌을 올려놓고 있습니까?"
　사린 가디아가 묻자, 돌을 올려놓은 여성이 대답했다.
　"태양은 온종일 떠 있는데 우리는 종일 밥을 먹지는 않잖아요. 남는 시간 동안 태양열 조리기를 어떻게 사용할까 고민하다가 돌을 달궈서 다리미질을 해야겠다고 생각

했어요. 태양열 조리기로 요리를 만들어 파는 사람들보다 제가 돈을 더 많이 벌어요."
　가디아 부부는 자신들이 보급한 제품을 색다른 방법으로 사용하는 현지인을 보며 놀라움을 느꼈다.

디팍 가디아는 독일에서 배운 기술을 이용해 개발한 태양열 조리기를 인도 전역에 보급했다.

간추려 보기

- 사람들은 다양한 욕구를 가지고 있으며, 이를 기반으로 제품을 선택해 사용하거나 자신에게 맞게 변형하기도 한다.
- 적정기술의 혜택을 받는 사람들도 다양한 필요를 가지고 있으니, 이를 채우기 위해서는 반드시 사용자에게 주인 의식을 심어 주어야 한다.
- 적정기술을 사용하는 사람들이 주인 의식을 갖고 기술을 사용하게 하려면 현지의 자원과 기술을 활용하는 것이 중요하다.
- 인간의 생존과 직결되는 육체적인 필요뿐만 아니라 정신적인 필요까지 충족시켜 주는 총체적인 지원이 필요하다.

CHAPTER

4

지속가능해야 하는 적정기술

기술을 통한 발전이 사람들에게 늘 긍정적인 영향만을 미치는 것은 아닙니다. 장기적으로 경제나 사회, 환경에 어떤 영향을 미칠지 충분히 고려하지 않은 채 단기적인 이익을 위해 기술을 개발하면, 나중에서야 그 과정에서 더 중요한 것을 잃었음을 깨닫는 경우가 종종 있어요. 예를 들어, 지역 경제를 활성화하기 위해 공장을 세운 뒤 몇 년이 지나 되돌아보면 지역 주민들이 공장에서 일하느라 지역 사회의 유구한 미풍양속이 사라지는 사례가 나타납니다. 지속가능한 발전의 중요성이 적정기술에서 유난히 더 강조되는 이유는 이 때문입니다.

'지속 가능한 발전(Sustainable development)'이라는 개념은 현대 사회에서 큰 관심을 받고 있습니다. 일례로 2011년 6월 국제연합 총회에서 반기문 사무총장이 지속가능한 발전의 중요성을 강조하기도 했어요. 지속가능한 발전은 경제적·환경적·사회적 측면에서 현재의 필요를 충족시키면서도 다음 세대의 필요를 침해하지 않는 발전을 의미합니다. 인류의 미래를 위해서는 무분별한 난개발보다는 지속가능한 발전에 중점을 두어야 하겠지요.

적정기술과 지속가능한 발전

기술은 어떤 방식으로든 인간이 더 나은 삶을 영위할 수 있도록 고안됩니다. 특히 적정기술의 경우 인간의 삶의 질이 궁극적으로 향상되어야 한다는 점을 강조하지요. 그리고 적정기술의 수혜자들은 대부분의 경우 기술의 혜택을 받지 못하는 소외된 90퍼센트의 사람들이에요.

하지만 기술을 통한 발전이 사람들에게 늘 긍정적인 영향만을 미치는 것은 아닙니다. 장기적으로 경제나 사회, 환경에 어떤 영향을 미칠지 충분히 고려하지 않은 채, 단기적인 이익을 위해 기술을 개발하면,

케냐의 소도시 우티루에 사는 킹앙주이는 적정기술 기업 킥스타트로부터 페달펌프(Pedal pump)를 구입했다. 페달펌프는 페달을 밟아 지하 7미터 깊이에 있는 지하수를 끌어올리는 제품이다. 이 제품을 구매하기 전까지 킹앙주이는 아내와 함께 개울에서 양동이로 물을 퍼서 밭에 물을 댔다. 그는 아버지로부터 약 2만 제곱미터 크기의 땅을 물려받았지만, 양동이로 물을 공급하는 방법으로는 밭의 30퍼센트 정도밖에 농사를 지을 수 없었다.

95달러(약 10만 원)짜리 페달펌프를 사기 위해 킹앙주이는 몇 년간 모은 돈을 전부 써야 했다. 하지만 킹앙주이는 페달펌프 덕분에 밭 전체에서 농사를 지을 수 있게 되었다. 또한 페달펌프는 지하수를 이용하므로 비가 오지 않는 **건기**에도 농사를 지을 수 있었고, 이때 재배된 농작물은 비싼 가격에 팔 수 있었다. 킹앙주이는 6개월 만에 페달펌프 구입비 이상의 수익을 얻었고, 자녀들을 좋은 학교에 보낼 수 있었다. 이렇게 적정기술은 경제적으로 지속가능해야 한다.

페달펌프는 현재 아프리카와 아시아의 여러 지역에서 판매되고 있다. 이 제품을 통해서 수익을 얻은 사람들의 삶은 경제적으로 개선되었다.

나중에서야 그 과정에서 더 중요한 것을 잃었음을 깨닫는 경우가 종종 있어요. 예를 들어, 지역 경제를 활성화하기 위해 공장을 세운 뒤 몇 년이 지나 되돌아보면 지역 주민들이 공장에서 일하느라 지역 사회의 유구한 미풍양속이 사라지는 사례가 나타납니다.

지속가능한 발전의 중요성이 적정기술에서 유난히 더 강조되는 이유는 이 때문입니다. 적정기술의 수혜자들은 앞으로 많은 발전 과정을 경험하게 될 가능성이 많아요. 이 과정에서 선진국이 이미 겪었던 시행착오를 되풀이하지 않기 위해서는 적정기술의 지속가능성을 항상 염두에 두어야 합니다.

경제적으로 지속가능한 발전

적정기술이 어떻게 경제적으로 지속가능한지 알아보기 위해서는 먼저 경제 성장과 경제 발전의 차이점을 이해해야 합니다. 경제는 인간의 생활에 필요한 자원이나 노동력을 생산·분배·소비하는 활동을 의미합니다. 성장은 크기·무게·부피가 자라서 점점 커지는 것을 뜻하며, 발전은 더 낫고 더 좋은 상태로 나아가는 것을 의미하지요. 즉, 경제 성장이란 자원이나 노동력의 생산·분배·소비 활동이 커지는 것을 의미합니다. 그리고 경제 발전이란 자원이나 노동력의 생산·분배·소비 활동이 더 좋은 상태가 되는 것을 뜻합니다. 다시 말해, 경제 발전이란 경제의 규모를 키우는 것이 아닌 경제적 상태를 개선하는 것을 의미하지요.

이 맥락에서 생각할 때 경제적으로 지속가능한 발전은 무엇일까요? 이는 바로 미래 세대의 필요를 해치지 않으면서 현재의 경제를 성장시켜 자원과 노동력을 더 좋은 상태로 생산·분배·소비하도록 하는 것을 의미합니다. 현재 세대뿐만 아니라 미래 세대도 고려해야만 발전이 지속될 수 있으니까요. 적정기술 제품은 사용자가 경제적으로 지속가능한 발전을 누릴 수 있도록 도와줍니다. 페달펌프의 경우, 한 개의 페달펌프가 생산·판매·사용되는 과정에서 여러 명의 현지 주민들이 경제적 이득을 얻습니다. 페달펌프를 제작하는 사람, 이를 사용하는 농장주, 농장주에게 고용된 노동자 등이 이에 해당하지요. 이들은 페달펌프를 통해 번 돈을 가족의 건강이나 교육 등 좋은 목적을 위해 사용할 수 있어요. 또 좋은 교육을 받으며 건강하게 자라난 자녀들은 더 발전된 경제를 만들어 나갈 수 있습니다. 말 그대로 경제적으로 지속가능한 발전이 이루어지는 것이지요.

환경적으로 지속가능한 발전

환경적 지속가능성이라는 말을 들어보았나요? 사실 지속가능성이라는 단어는 주로 환경 분야에서 많이 다루어집니다. 사람들이 개발 과정에서 환경을 고려한 지는 얼마 되지 않았어요. 산업혁명 이후 전 세계는 경제 성장에 치우친 난개발이 이루어졌고, 이 과정에서 환경이 많이 파괴되었습니다. 그러나 이제는 무분별한 난개발이 인류 전체의 생존을 위협할 수 있다는 사실이 널리 알려졌어요.

과거 선진국들이 저질렀던 이러한 실수를 반복하지 않기 위해서 개발도상국을 위한 적정기술은 환경적 지속가능성을 고려해 설계됩니다. 예를 들어, 피푸백은 환경 오염을 줄이면서 지역 사회의 위생 보건 문제

를 해결하는 적정기술이고, 지세이버는 똑같은 양의 연료로 더 많은 에
너지를 얻게 함으로써 이산화탄소 배출을 줄이는 적정기술이지요. 이
러한 기술들은 환경적으로 지속가능한 발전을 가능하게 합니다.

개발도상국의 빈민들은 위생 문제 때문에 어려움을 겪는다. 대부분의
개발도상국 빈민가에는 화장실이 없어, 분뇨를 제대로 처리할 수 없다.
그래서 토양이나 수질이 오염된다. 화장실이 없는 지역에서 발생하는 질
병의 절반 이상은 이러한 위생 문제와 연관되어 있다.

피푸백(Peepoo Bag)은 스웨덴
의 앤더스 빌헬슨 교수를 비롯
한 여러 디자이너가 고안한 휴
대용 변기다. 사용자는 피푸백
을 사용한 뒤 묶어서 땅에 묻으
면 된다. 피푸백은 24시간 동
안 냄새와 내용물이 빠져나가
지 않아 사용 후 적절한 장소로
이동시키기 편리하며, 땅에 묻
힌 뒤로는 자연적으로 분해되
어 거름이 된다. 이렇게 환경적
으로 지속가능한 피푸백은 개
발도상국의 빈민가 여러 곳에
배포되어 있다.

피푸백은 위생 문제를 해결해 줄
뿐만 아니라 환경 오염을 방지하
는 데 도움이 된다.

사회적으로 지속가능한 발전

사회적으로 지속가능한 발전이란 미래 세대의 발전에 해를 끼치지 않으면서 현재의 사회를 더 좋은 상태로 변화시키는 것을 의미합니다. 그렇다면 사회를 더 좋은 상태로 변화시킨다는 것은 어떤 뜻일까요? 아마도 이 질문에 대한 답은 사람마다 다를 겁니다. 더 좋은 사회는 다양한 요소에 의해 구성되기 때문이에요. 그래서 사회적으로 지속가능한 발전을 달성하는 일은 앞에서 다룬 경제적·환경적 지속가능한 발전을 이루는 일보다 더 복잡하고 어렵습니다.

일반적으로 적정기술 제품은 사회적으로 지속가능한 발전을 이루는 데 기여합니다. 하지만 적정기술이 언제 어디서든 사회에 도움만 되는 것은 아닙니다. 때로는 좋은 의도로 개발되고 보급된 적정기술 제품이 예상치 못한 사회 문제를 낳을 수도 있기 때문이에요. 이러한 사실을 염두에 두고 현지인과 지속적으로 소통해야만 적정기술이 사회에 진정한 도움을 줄 수 있습니다.

적정기술의 양면성

물을 쉽게 운반할 수 있도록 도와주는 큐드럼(Q drum)은 물을 얻기 위해 오랜 시간을 걸어야 하는 아프리카 사람들에게 많은 도움을 준 적정기술 제품입니다. 물이 부족한 아프리카에서는 생존을 위해 필요한 물을 구해 오는 것이 여성들과 어린이들의 주요 일과입니다. 한 번에 많은 양의 물을 나르기 힘들기 때문에 이들은 물을 얻기 위해 매일 먼 길을 오가야 합니다. 이 문제를 해결하기 위해 고안된 큐드럼은 이동이 편리하고, 사용하기 쉬워서 현지인들에게 적합한 적정기술 제품이에요. 큐드럼은 한 번에 75리터의 물을 운반할 수 있어서 아프리카 사람들에게 큰 도움이 되었어요.

하지만 일부 지역에서는 큐드럼이 보급되는 과정에서 심각한 사회 문제가 일어났습니다. 자선 단체에서 극도로 가난하거나 일할 사람이 적은 가정에만 선별적으로 큐드럼을 지급했기 때문입니다. 그러나 이때 큐드럼을 지급받지 못한 가정들도 이 제품을 스스로 구입할 만큼 경제적으로 넉넉하지 않기는 마찬가지였어요. 이 때문에 이 지역에서는 큐드럼을 지원받은 가정과 그렇지 못한 가정 사이에 불신과 분열이 생겼고, 마을 구성원 간의 유대감이 약화되었습니다.

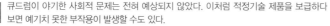

큐드럼이 야기한 사회적 문제는 전혀 예상되지 않았다. 이처럼 적정기술 제품을 보급하다 보면 예기치 못한 부작용이 발생할 수도 있다.

플레이펌프(Playpump)는 회전 무대라는 놀이 기구와 펌프를 결합한 형태의 펌프이다. 이 펌프는 아프리카의 물 부족 문제를 해결하기 위해 고안된 적정기술 제품으로, 아이들이 뛰어놀면 자동적으로 지하수를 끌어 올릴 수 있도록 고안되었다. 처음에 이 제품에 대한 대중의 관심은 뜨거웠다. 트레버 필드라는 사업가는 아이들이 놀기만 하면 물이 나온다며 플레이펌프의 홍보에 열을 올렸고, 투자자와 자선가들도 그렇게 믿었다.

그러나 플레이펌프는 곧 애물단지로 전락했다. 이 펌프를 작동시키려면 여러 사람의 노동력이 필요해, 여성 혼자서 작동이 불가능했다. 또한 물이 필요할 때마다 억지로 뛰어야 하는 아이들에게 플레이펌프는 더는 놀이 기구의 의미를 지닐 수 없었다. 또한 현지에 기술자와 부품이 없다보니 고장 날 때마다 6개월씩 방치되었다. 이러다보니 물을 매일 사용해야 하는 주민들에게 플레이펌프는 외면당했다. 이 제품이 보급된 지 3년이 지난 2010년의 조사 결과에 따르면, 아프리카에 보급된 수천 대의 플레이펌프 대부분이 고물이 되어 방치되어 있다고 한다.

플레이펌프는 독특한 아이디어 덕분에 초기에는 사람들의 관심을 끌었으나, 작동상의 불편한 점이 드러나면서 골칫거리로 전락했다.

사례탐구 안락한 변소 프로젝트

  캄보디아에서 공중 화장실 건설 프로젝트를 진행하던 제프 채핀은 고급스러운 화장실을 지어 달라는 현지인들의 요구를 이해할 수 없었다. 현지인들은 화장실이 부족해서 당장 곤란한 상황을 겪고 있으면서도 자선 단체에서 지어 준 허름한 화장실은 이용하기 싫어한다니 너무 허세를 부린다고 생각했던 것이다.

  결국 채핀은 현지인들의 요구에 맞는 고급스러운 화장실이 어떤 화장실인지를 알아 보았다. 현지의 건축 문화에 대해 연구한 결과, 그는 캄보디아 사람들은 기초 골격을 세운 뒤 경제적인 사정이 나아지면 추가로 개선 작업을 하는 방식으로 건물을 짓는다는 것을 알고 난 뒤 오해를 풀었다. 이 때문에 현지인들은 처음부터 허름하게 설계된 화장실보다는 완성이 덜 되더라도 고급스러운 화장실을 원했던 것이다.

  2008년 시작된 이 안락한 변소(Easy Latrine) 프로젝트 덕분에 캄보디아에 5만 개 이상의 화장실이 설치되었고, 40명 이상의 현지인 경영자가 고용되었다. 이 프로젝트는 동남아시아의 다른 지역들로 확대되고 있다.

안락한 변소 프로젝트는 적정기술이 현지의 사회에 적합해야 한다는 교훈을 보여 주는 사례. 현지인들의 필요를 이해하고 이와 조화를 이룰 때에만 적정기술이 제 역할을 다할 수 있다.

사실 어느 누구도 큐드럼이 이런 사회 문제를 일으킬 거라고는 예측하지 못했습니다. 한 사회를 구성하는 요소는 너무나 다양하고, 그 요소 간에는 눈에 보이지 않는 긴밀한 연결 고리들이 있어요. 이 때문에 어떤 변화에 따라 무슨 문제가 발생할지를 예측하기란 매우 어렵지요. 따라서 좋은 적정기술이 개발되었더라도, 그 기술이 사용될 사회의 다양한 구성 요소를 신중하게 고려해서 적용하여야 합니다. 그래야만 적정기술이 사회적으로 지속가능한 발전에 기여할 수 있습니다.

간추려 보기

- 지속가능한 발전은 경제적·환경적·사회적인 측면에서 현재의 필요를 충족시키면서 다음 세대의 필요를 침해하지 않는 발전이다. 적정기술의 수혜자는 이후에 큰 발전을 경험할 가능성이 높은 사람들이므로, 지속가능한 발전이 더 중요하다고 할 수 있다.
- 경제적으로 지속가능한 발전이란 미래 세대의 경제적 필요를 해치지 않으면서 현재 세대의 자원과 노동력을 더 좋은 상태로 생산, 분배, 소비하도록 하는 것이다.
- 환경적으로 지속가능한 발전이란 미래 세대의 환경을 파괴하지 않으면서 현재 세대의 필요를 채우는 것이다.
- 사회적으로 지속가능한 발전이란 사회적 측면에서 미래 세대의 발전에 해를 끼치지 않으면서 현재의 사회를 더 좋은 상태로 변화시키는 것이다.

5
CHAPTER

국제개발협력을 통한
적정기술 보급

적정기술 국제개발협력 활동은 적정기술을 필요로 하는 여러 나라의 소외된 이웃들과 함께 꼭 필요한 기술을 개발하는 활동이에요. 또한, 기술을 주변 지역으로 확산시켜 더 많은 사람들의 삶을 보다 나은 방향으로 변화시키려는 노력도 이에 포함됩니다.

아프리카 케냐의 골반티 초등학교에 다니는 조셉은 신이 났습니다. 조셉의 마을에 지하수 펌프가 생겼기 때문입니다. 이전까지 조셉은 물을 얻기 위해 매일 왕복 5시간씩 걸어 악어와 하마가 사는 강으로 가야 했습니다. 게다가 강에서 길어 온 물을 마시면 배가 아팠어요. 조셉의 마을에 지하수 펌프를 선물한 사람들은 한국에서 온 개발자들이었습니다. 이들은 마을 중심에 지하수 펌프를 설치했고, 사람들에게 흙탕물을 정수할 수 있는 정수기를 만드는 방법을 가르쳐 주었어요. 조셉과 친구들은 모래와 자갈로 정수기를 만들었고, 정수기에서 나온 물을 먹어야 배가 아프지 않는다는 사실을 배웠지요.

세계 곳곳에는 기술에서 소외된 채 원시적인 삶을 살아가는 사람들이 있어요. 앞서 살펴본 것처럼 적정기술은 이러한 소외된 이웃들의 삶을 개선할 수 있습니다. 그렇다면 적정기술을 사람들에게 어떤 방식으로 전해 줄 수 있을까요? 어려운 나라를 돕는 여러 방법 중 적정기술은 어떤 특별한 의미를 갖고 있을까요? 국제 단체를 통해 적정기술을 보급할 때 주의해야 할 점은 무엇일까요?

국제개발협력의 역사

국경을 뛰어넘는 국제적인 지원 활동을 국제개발협력 활동이라고 부릅니다. 국제개발협력은 제2차 세계 대전으로 황폐해진 유럽을 돕기 위해 처음 시작됐습니다. 당시 미국 국무장관이었던 조지 마셜의 제안에 따라 미국은 1948년부터 1951년까지 유럽에 총 130억 달러(약 14조 원) 규모의 돈과 물자를 지원했어요. 이 원조 계획의 공식적인 이름은 유럽부흥계획(ERP, European Recovery Program)이지만, 조지 마셜의 이름을 따서 마셜 플랜(Marshall Plan)이라고도 불러요. 마셜 플랜이 진행되면서 미국의 원조를 받은 서유럽 16개 국가는 경제적으로 크게 성장했습니다. 생산량을 기준으로 경제가 36퍼센트 성장했고, 프랑스, 이탈리아, 서독, 네덜란드 등의 국가는 **국민총생산**(GNP)이 15퍼센트에서 25퍼센트 가량 증가했어요. 덕분에 전후 폐허가 된 유럽 국가들이 다시 일어

조지 마셜은 제2차 세계 대전 이후의 유럽부흥계획을 주도한 인물이다.

설 수 있는 기반이 마련되었어요.

마셜 플랜은 정부 간 국제기구인 **경제협력개발기구**(OECD)와 그 산하 기관인 개발원조위원회(DAC)를 조직하는 기반이 되기도 했습니다. 경제협력개발기구는 유럽의 경제적 부흥과 협력을 추진해 온 유럽경제협력기구(OEEC)가 1960년 이후 개발도상국을 원조하기 위해 개편한 기구입니다. 또한, 개발원조위원회는 경제협력개발기구의 회원국 중 개발도상국을 돕기 위해 자금을 빌려 주는 국가들로 구성된 기관이에요. 개발원조위원회는 1961년 경제협력개발기구가 조직된 이후 지속적으로 개발도상국의 원조에 기여했습니다.

알아두기

한 국가가 경제협력개발기구의 회원국이 되기 위해서는 다원적 민주주의 국가로 시장 경제 체제를 보유하며, 인권을 존중해야 한다. 우리나라는 1996년 12월에 29번째 회원국으로 이 기구에 가입했다.

개발도상국을 위한 국제개발협력

독일국제협력공사(GIZ)는 2005년부터 2015년까지 개발도상국에 살고 있는 500만 명의 사람에게 현대식 에너지를 보급하겠다는 목표를 갖고 원조 활동을 진행하고 있습니다. 이 기관은 현지 사람들과 함께 에너지 절약형 기구를 개발하고, 이들에게 신재생 에너지 자원을 활용하는 방법을 가르쳤습니다. 또한, 학교나 병원 등의 공공기관에 에너지 효율이 개선된 제품을 공급하기도 했어요. 독일은 매년 140억 달러(약 15조 원) 규모의 예산을 활용해 개발도상국의 발전을 돕고 있습니다.

이처럼 개발도상국을 활발히 돕고 있는 나라는 독일 외에도 많습니

사례탐구 땔감 절약형 스토브

아프리카의 사하라 사막 이남 지역에서는 전체 인구의 80퍼센트가 요리를 할 때 장작을 땐다. 이 지역 어린이들은 땔감을 구하기 위해 온종일 나뭇가지를 주워야 한다. 독일국제협력공사는 이곳 사람들을 위해 에너지를 절약하는 스토브를 개발했다. 이 스토브는 기존의 화덕에 비해 하루에 약 3.1킬로그램 적은 양의 땔감을 필요로 한다. 3.1킬로그램의 땔감을 구하려면 아이들이 평균 7시간을 일해야 한다. 또한 이 스토브는 연기를 덜 발생시키는 구조를 갖고 있어서 호흡기에도 기존 화덕에 비해 좋다. 독일국제협력공사는 아프리카 주민들에게 스토브를 제작하는 방법을 교육하고, 현지 기업들이 스토브를 생산하고 판매할 수 있도록 돕고 있다.

아직도 전 세계에는 실내에 있는 화덕에 불을 피워야 요리를 할 수 있는 사람들이 많다. 이 때 발생하는 매연 때문에 각종 질병에 걸리기도 한다.

다. 네덜란드의 네덜란드원조기구(SNV), 노르웨이의 노르웨이개발협력청(NORAD), 덴마크의 기술자문위(TAS), 영국의 국제개발부(DFID), 프랑스의 국제농업개발협력센터(CIRAD) 등 여러 선진국들이 저마다 개발도상국을 위한 원조 기관을 갖고 있습니다. 우리나라도 한국국제협력단(KOICA)을 통해 개발도상국에 다양한 방법으로 지원하고 있어요.

국제개발협력 활동은 개발도상국의 발전에 긍정적인 영향을 미친다는 평가를 받아 왔습니다. 극빈층은 하루에 1달러 25센트(약 1,400원) 이하의 돈으로 생계를 유지하는 사람들을 의미하는데, 2010년 발표된 유엔새천년개발보고서에 따르면 1990년부터 2005년까지 15년 사이에 전 세계의 도움으로 극빈층이 4억 명 이상 감소했다고 해요. 또한 가난 때문에 초등 교육을 받지 못하는 개발도상국 아이들의 비율이 18퍼센트에서 11퍼센트로 줄었어요. 이뿐만 아니라 개발도상국 어린이들의 건강 문제도 많이 개선되었습니다. 영양이 부족한 상태에서 병에 걸리고 치료제마저 구할 수 없어 쉽게 목숨을 잃을 수밖에 없었던 개발도상국의 어린이 사망률이 28퍼센트나 감소했어요. 이처럼 전 세계의 지원 덕분에 가난한 나라의 사회적 문제들이 조금은 해결되는 모양새를 갖추어가고 있습니다.

사례탐구 연기 없는 아프리카 만들기

개발도상국에서는 땔감으로 불을 피워 요리를 하는 사람이 많다. 아이들과 여성들은 땔감을 구하는 과정에서 위험한 상황에 노출되기도 하며, 실내에서 요리를 하면 땔감에서 발생하는 매연이 사람들의 건강을 악화시킨다. 네덜란드의 환경 비정부기구인 Hivos와 네덜란드 국제가난퇴치기구인 SNV는 이러한 문제를 겪고 있는 우간다, 세네갈, 에티오피아, 케냐, 부르키나파소, 탄자니아 등 아프리카 6개국을 돕기 위해 아프리카 바이오가스 파트너십 프로그램(ABPP, Africa Biogas Partnership Programme)을 기획했다.

바이오가스의 주원료는 사람이나 가축의 배설물이라 현지에서 쉽게 구할 수 있다. 또 바이오가스를 생산하는 과정에서 생기는 바이오 **슬러리**를 비료로 사용할 수 있도록 제작되어 있다. 이렇게 생산된 비료는 현지의 농업 효율성을 높여 식량 부족 문제 해결에도 도움이 된다. 이 프로그램은 2013년까지 6개 나라의 7만 개 지역에 바이오가스 생산 시설을 건설하는 것을 목표로 삼고 있다. 이 프로그램은 현지인이 시설운영을 주체적으로 도맡도록 하여 현지인 일자리 창출에 크게 기여할 것으로 기대된다.

아프리카 바이오가스 파트너십 프로그램 덕분에 사람들이 실내에서 안전하게 요리를 할 수 있게 되었다.

적정기술을 이용한 국제개발협력 활동

국제개발협력 활동에는 여러 종류가 있습니다. 선진국 정부가 개발도상국 정부에 자금을 빌려 주는 활동부터, 선진국 자원봉사자가 개발도상국을 방문해 집을 지어 주거나 현지의 학교에서 아동을 가르치는 활동까지, 매우 다양한 활동이 있지요. 또 개발도상국의 공무원이나 대학생을 선진국으로 초청해 선진국의 정책과 문화를 체험하도록 지원하는 활동도 국제개발협력 활동의 일종이지요.

적정기술을 활용한 국제개발협력 활동도 이러한 활동 중 하나로, 최근 여러 국가의 관심을 받으며 많은 나라에서 시도하고 있습니다. 적정기술 국제개발협력 활동은 적정기술을 필요로 하는 여러 나라의 소외된 이웃들과 함께 꼭 필요한 기술을 개발하는 활동이에요. 또한, 기술을 주변 지역으로 확산시켜 더 많은 사람들의 삶을 보다 나은 방향으로 변화시키려는 노력도 이에 포함됩니다.

처음 국제개발협력 활동이 시작되었을 때는 약품과 식료품을 배급하거나 도로와 건물을 지어 주는 등 일방적으로 도움을 주는 방식의 원조가 많았습니다. 그러나 최근에는 원조를 받는 나라의 적극적인 참여를 독려하고, 개발도상국의 변화를 지원해 주는 방식으로 원조가 변하고 있어요. 이러한 흐름 속에서 현지인의 참여와 주인 의식을 독려해 지속 가능한 발전을 도모하는 적정기술은 국제개발협력 활동에서 더욱 중요한 역할을 수행하고 있다고 할 수 있습니다.

국제개발협력의 새 역사를 쓴 대한민국

국제개발협력의 역사에서 우리나라는 아주 특별한 나라입니다. 우리나라는 원조를 받던 나라에서 원조를 하는 나라로 성장한 세계 유일한 국가이기 때문이에요. 미국을 비롯한 여러 선진국은 일제 강점기와 6 · 25전쟁을 겪으면서 황폐해진 우리나라의 재건을 돕기 위해 원조를 제공했습니다. 처음에는 식량 등의 소비성 물자를 지원했고, 이후 철도와 고속도로 등의 사회간접자본을 구축하고 산업 발전에 투자하는 방식으로 원조가 진행되었어요. 덕분에 우리나라는 놀라울 정도로 빠른 경제적 발전을 이루었고, 1995년 마침내 세계은행으로부터 **차관** 졸업국으로 인정받았습니다. 공식적으로 원조 수여국의 위치에서 벗어난 것이지요.

▌우리나라의 비정부기구들은 세계 각지에서 원조 활동 및 구호 활동을 활발히 진행하고 있다.

우리나라는 이후로도 꾸준히 경제적 성장을 이루었고, 지난 2009년 에는 수여국 출신으로는 세계 처음으로 경제협력개발기구 개발원조위 원회에 가입해 공식 공여국으로 인정받게 되었습니다. 2011년 한 해 동 안 우리나라는 개발도상국에 약 1조 4,600억 원을 지원했습니다. 또한 한국국제협력단이나 각종 비정부기구를 통해 교육이나 기술 분야의 전 문 지식을 가진 봉사 요원을 해외에 파견함으로써 국제 사회에 기여하 고 있습니다.

이 때문에 여러 국가들이 국제개발협력 분야에서 우리나라의 행보를 주목하고 있습니다. 공여국들은 개발도상국이 우리나라처럼 성장하도 록 돕기 위해 어떤 원조를 해야 할지 고민하고, 수여국들 역시 우리나 라의 사례를 자국에 어떻게 적용할 것인지, 큰 관심을 기울이고 있습니 다. 특히 현재 한국의 중장년층은 기술의 혜택을 누리지 못했던 시대와 기술이 풍부한 시대의 삶을 모두 누렸으므로 개발도상국의 상황과 첨단 기술에 대한 이해를 두루 갖추고 있습니다. 즉, 적정기술을 이용한 국 제개발협력을 실천하기에 더할 나위 없이 좋은 조건을 갖춘 것이지요.

우리나라의 적정기술 국제개발협력

우리나라는 2009년에 공식적인 공여국이 되었기 때문에 다른 선진 국에 견줘 원조를 한 역사는 그리 길지 않습니다. 그러나 짧은 기간에 비해 우리나라는 비교적 다양한 국제개발협력 활동에 참여했어요. 그 중에는 적정기술 국제개발협력 활동도 일부 포함됩니다. 2010년에 우 리나라 특허청은 아프리카 차드에서 **바이오매스**를 이용한 숯 개발 프로젝트를 진행했어요. 또한, 중소기업청은 2011년 캄보디아에 각각 20개의 태양열 조리개와 간이 소각로를 보급한 것을 시작으로, 현지에 적정기술센터를 건립하는 프로젝트를 진행 중입니다.

정부뿐만 아니라 국제개발협력 활동을 하고 있는 비정부기구에서도 다양한 적정기술을 국제개발협력에 활용하고 있습니다. 우리나라의 국제개발협력 비정부기구 중 하나인 굿네이버스는 2009년부터 몽골, 네팔, 말라위 등에서 적정기술 관련 프로젝트를 진행하고 있고, 또 다른 비정부기구인 팀앤팀 역시 아프리카 지역을 중심으로 수자원 개발과 관련된 여러 적정기술 국제개발협력 활동에 적극적으로 참여하고 있습니다.

적정기술 국제개발협력 활동은 현지인의 삶을 궁극적으로 개선시키는 것을 목표로 삼으므로 단기간에 가시적인 결과를 얻기가 힘듭니다. 이제 우리나라는 첫발을 내딛었을 뿐입니다. 수여국에서 공여국으로 성장한 우리나라의 저력을 보여주기 위해서라도 꾸준한 노력을 통해 여러 국가에 실제적인 도움을 주는 적정기술 국제개발협력 활동을 진행해야 할 것입니다.

국제개발협력에 대한 우려와 주의 사항

국제개발협력은 개발도상국의 발전에 대체로 긍정적인 영향을 미치지만, 일부 학자들은 국제 원조의 부정적인 영향에 대해 우려를 표명하기도 합니다. 개발도상국이 진정한 발전을 이루어내기 위해서는 선진국의 경제적인 원조로부터 독립해 주체적인 성장을 이루어야 한다고 주장하는 겁니다. 그런데 국제 원조의 규모가 커지고 원조 기간이 길어지면

사례탐구 지세이버

몽골은 겨울 기온이 영하 3,40도에 이르는 건조하고 추운 나라다. 또한 겨울이 6개월 이상 지속되기 때문에 몽골에 사는 사람들에게 난방비는 경제적으로 큰 부담이 된다. 게다가 난방비를 아끼기 위해 장작, 폐타이어, 쓰레기 등을 난방용 연료로 사용하는 경우가 많다 보니 대기 오염과 호흡기 질환 문제 또한 심각한 상황이다.

이러한 문제를 해결하기 위해 우리나라의 비정부기구인 굿네이버스는 몽골과학기술대학교 김만갑 교수와의 협력을 통해 적정기술 축열기 지세이버(G-saver)를 개발했다. 지세이버는 난로에서 나오는 열이 집 안에 오래 머물도록 설계되었으며, 매연을 일부 흡착하는 기능을 갖고 있다. 실험 결과에 따르면 지세이버를 사용할 경우 연료 사용량과 매연 발생량이 각각 40퍼센트 정도 감소했다. 굿네이버스는 몽골 현지에 '굿셰어링'이라는 기업을 설립해 현지인에게 기술을 전수하고 제품의 보급을 위해 노력하고 있다.

지세이버는 한국의 기술력으로 개발된 대표적인 적정기술 제품이다. 이 제품 덕분에 몽골 사람들이 겨울철 난방비를 아낄 수 있게 되었다.

서 개발도상국이 선진국의 원조에 지나치게 의존하는 경향이 나타난 것이죠. 국제 원조가 오히려 개발도상국의 자립성을 저해하는 걸림돌이 된 것입니다.

이러한 부작용 때문에 최근에는 국제개발협력 활동에서 수여국의 주인 의식을 강화해야 한다는 주장이 설득력을 얻고 있습니다. 일방적으로 도움을 주는 원조의 단점이 드러나면서, 주체적 성장을 돕는 새로운 방식의 원조가 시도되고 있는 것이지요. 이러한 변화가 개발도상국에

찬성 VS 반대

개발도상국이 빈곤의 굴레에서 벗어나기 위해서는 선진국의 충분한 양의 투자가 필요하다. 교육과 보건, 도로와 철도 등의 분야에 투자가 이루어져야 인적 자원을 육성하고 산업을 개발할 수 있기 때문이다. 선진국이 개발 원조를 통해 공공투자 자금을 지원하지 않으면 개발도상국의 경제가 발전할 수 없다.

– 제프리 삭스 미국 출신의 경제학자

수십 년 동안 아프리카의 정부들은 국제 사회로부터 대규모의 지원을 받아왔다. 국제 원조에 익숙해진 아프리카 국가들은 국가라는 고유의 역할을 방기했다. 국제 원조가 아프리카 국민들과 그들의 정부 사이를 단절시켰기 때문이다. 왜냐하면 시민들은 국제 원조금이 어떻게 쓰이는지 알 수 없었고, 정부는 국민들의 바람보다는 기부국의 요구를 들어주기에 더 급급하기 때문이다.

– 담비사 모요 잠비아 출신의 경제학자

실제로 궁극적인 도움을 주는 것인지는 아직은 알 수 없습니다. 또한 전체적인 국제개발협력 활동이 개발도상국의 장기적인 발전에 어떤 영향을 미칠지, 또 어떤 형태의 개발협력 활동이 개발도상국에 진정한 도움이 될지 아직은 확신하기 힘듭니다.

하지만 확실한 것은 적정기술 활동을 포함한 모든 국제개발협력 활동에서 공여국의 입장이 아닌 수여국의 입장에서 생각하려는 노력이 필요하다는 것입니다. 좋은 의도로 시작된 활동이 항상 좋은 결과를 내는 것은 아니라는 걸 염두에 두고, 언제나 신중하게 현지의 입장에서 정말 필요한 것이 무엇인지 장기적인 관점에서 생각하고 접근하는 태도가 필요합니다. 이렇게 수여국의 입장에서 국제개발협력 활동이 진행될 때 본래의 의도대로 개발도상국의 발전이 원활하게 이루어질 수 있어요.

간추려 보기

- 여러 선진국들은 국제개발협력 활동을 통해 개발도상국에 적정기술 제품을 보급한다.
- 최근에는 원조의 방향이 수여국을 주체적으로 참여시키는 쪽으로 변화하고 있다.
- 우리나라는 원조 수여국에서 공여국으로 성장한 세계 유일한 국가이며, 최근에는 여러 나라에서 원조 활동을 벌이고 있다.

6

CHAPTER

비즈니스를 통한 적정기술 보급

BOP 시장에서 적정기술 비즈니스를 성공적으로 이끈 기업들은 사람들의 필요로부터 시
작해, 사용자에게 주인 의식을 심어 주고, 지속가능한 발전을 도모해야 한다는 적정기술
의 원칙을 존중하고 있습니다.

그라민폰 (Grameenphone)은 방글라데시에서 가장 큰 통신 사업체로 2012년 4월 현재 3,770만 사용자에게 통신 서비스를 제공하고 있습니다. 그라민폰의 특징은 대부분의 고객이 방글라데시의 저소득층에 속한다는 점입니다. 이 회사의 가입자당 월 평균 판매 수익은 2달러 80센트(약 3,000원)밖에 되지 않습니다. 이렇게 가난한 사람들에게 그라민폰은 어떻게 휴대전화를 판매할 수 있었을까요? 또 그라민폰은 이렇게 적은 요금을 지불하는 수밖에 없는 사용자를 대상으로 어떻게 수익을 내고 사업체를 유지할 수 있을까요?

BOP 시장이란?

우리는 원하는 제품을 구매하거나 서비스를 받고자 할 때 돈을 지불합니다. 이 돈은 우리나 우리의 부모님이 다른 제품을 판매하거나 서비스를 제공하고 받은 것입니다. 이렇게 우리는 사회 내에서 지속적으로 어떤 제품이나 서비스를 제공받는 대가로 또 다른 제품이나 서비스를 제공하고 있어요. 즉, 우리 사회 내에서는 제품과 서비스가 서로 교환

되고 있습니다. 경제학에서는 이렇게 재화와 서비스의 교환이 이루어
지는 추상적인 공간을 '시장'이라고 부르며, 재화와 서비스를 교환하는
행위를 '비즈니스'라고 지칭합니다.

상위 10퍼센트의 경제력을 가진 사람들을 제외한 90퍼센트의 사람
들은 오랫동안 시장에서 소외되어 왔습니다. 왜냐하면 전 세계 부의 85
퍼센트를 상위 10퍼센트의 사람들이 소유하고 있기 때문이에요. 나머
지 90퍼센트의 인구는 일반적인 기업들이 제공하는 제품이나 서비스를
구매할 수 있는 경제력을 갖고 있지 않아 재화와 서비스의 교환, 즉 시
장에서의 비즈니스 활동에 참여할 수 없었어요.

그런데 최근에 BOP 시장이라는 새로운 시장이 부각되면서 이들도

소득에 따른 피라미드형 인구 분포도

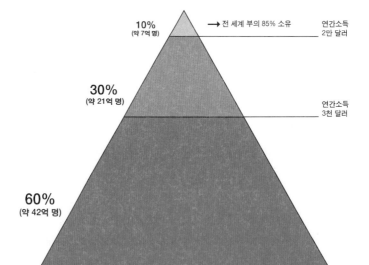

시장의 관심을 받게 되었습니다. BOP라는 단어는 피라미드의 하층부를 의미하는 'Bottom of Pyramid'의 줄임말로 저소득층을 뜻합니다. 지구의 전체 인구를 소득 수준에 따라 구분하면 낮은 소득을 가진 사람의 수가 제일 많고, 소득 수준이 높아질수록 이에 해당하는 사람들의 수가 적어집니다. 따라서 소득 수준에 따른 인구수를 흔히 피라미드 모양으로 표현합니다. 즉, BOP 시장이란 피라미드의 아랫부분에 위치한 저소득층 사람들이 참여 가능한 시장을 의미하지요. BOP 시장을 형성하는 저소득층 사람들은 전 세계 인구의 60퍼센트 정도로 추정됩니다. 이들은 연간 3,000달러(약 320만 원) 이하의 소득을 버는 사람들입니다.

BOP 시장의 가능성

저소득층 인구를 고객으로 생각하지 않던 기업들이 돌연 BOP 시장에 관심을 기울이기 시작한 이유는 크게 두 가지입니다. 먼저, 도의적 이유로 기업이 저소득층의 생활 수준을 개선하고자 노력하는 경우가 있습니다. 시장에 참여해 서로에게 필요한 재화를 교환하는 행위는 교환에 참여한 사람들의 삶을 풍요롭게 만들기 때문에 저소득층 사람들도 시장에 참여하면 삶의 질도 개선될 수 있어요. 이처럼 윤리적인 이유로 BOP 시장을 찾는 기업들은 사회적 책임을 다하기 위해 저소득층 인구도 참여할 수 있는 시장을 형성하여 이들의 삶의 질을 높이고자 노력합니다.

또한 기업이 실리적 이유로 BOP 시장에 진입하는 경우도 있습니다. 경제가 발전하면서 저소득층 사람들의 소득이 점차 증가하고, 기술이 발전하면서 제품과 서비스를 생산하는 데 드는 비용은 감소했습니다. 또, 상위 10퍼센트를 대상으로 하는 시장에서는 기업 간의 경쟁은 더욱 치열해 포화상태입니다. 아직 저소득층 인구의 경제력이 기업에 큰 이윤을 안겨 줄 만큼 성장하지는 못했지만, 이들의 구매력이 꾸준히 증가한다는 사실을 기업들이 간파했어요. 이와 같이 실리적 목적을 지닌 기업들은 일찌감치 저소득층 인구 중 잠재 고객을 확보하는 것이 향후 이윤 창출을 위한 효과적인 방법이라고 판단해 BOP 시장에 진출한 거지요.

BOP 시장과 적정기술 제품

BOP 시장의 중요성이 부각되면서 기업들은 적정기술에도 관심을 갖기 시작했습니다. 적정기술 제품이 BOP 시장에서 판매되기에 적절하다고 판단했기 때문입니다. 적정기술 제품은 BOP 시장의 소비자인 저소득층의 필요에 맞게 생산되기 때문에 가격이 부담스럽지 않고, 사용 방법도 쉬운 경우가 많아요. 또한 적정기술 제품은 사용자의 삶을 개선

BOP 시장에서 적정기술 제품이 매력적인 이유

적당한 가격 (Affordability)	적정기술은 품질이나 효율성의 극대화보다는 사용자의 경제적 수준에 가장 알맞은 효용을 주는 것을 목표로 하므로 적당한 가격 범위 내에서 가격이 결정된다.
접근성 (Accessibility)	적정기술 제품은 지역에서 자체적으로 기술과 부품, 원료를 공급받는 경우가 많다. 그래서 BOP 시장 소비자는 적정기술 제품을 친근하게 느껴 제품의 접근성이 높을 수밖에 없다.
이용 가능성 (Availability)	적정기술 제품은 소비자의 사회적 환경이나 지적 수준에 적합하므로, 선진 자본 시장의 제품에 비해 이용 가능성이 높다.

하는 동시에 경제적으로 지속가능한 발전을 이루도록 도와주기 때문에 사용자의 소득 수준 향상에 기여할 수 있습니다. BOP 시장 소비자들의 소득 수준이 향상되면 이들의 구매력은 더 커지고, 기업들은 더 많은 제품을 판매할 수 있습니다. 즉, 적정기술 제품은 BOP 시장의 성장을 유도하는 잠재력을 갖고 있는 것입니다. 이에 기업들은 적정기술 비즈니스를 통해 BOP 시장을 선점하고자 노력하고 있어요.

BOP 시장에서 적정기술로 성공하기

새로운 시장을 형성하고 새로운 소비자에게 제품을 판매하는 것은 기존 시장의 기존 고객에게 제품을 판매하는 것보다 훨씬 어려운 일입니다. 새로운 시장과 소비자, 제품에 대한 철저한 이해를 바탕으로 이전의 방식과는 전혀 다른 새 전략을 세워야 하기 때문이에요. 이렇게 모든 것이 새로운 상황에서 비즈니스를 성공시키는 것은 매우 어려운 일이지만 몇몇 기업들은 BOP 시장에 맞는 새롭고 창의적인 적정기술 비즈니스 전략을 찾아내는 데 성공했습니다.

적정기술 제품으로 BOP 시장에 진출한 기업들의 전략은 매우 다양합니다. 기업이 제공하는 제품과 서비스 그리고 소비자인 현지 저소득층 사람들의 상황에 따라 다른 전략을 구사하기 때문입니다. 그러나 지금까지 BOP 시장에서 성공한 기업들의 전략을 살펴보면 한 가지 공통점이 존재합니다. 그것은 기업들이 단기적인 이윤 창출이 아닌 소비자와의 관계 형성과 저소득층 소비자의 삶의 질 향상을 목표로 비즈니스를 하고 있다는 것입니다.

적정기술의 소비자들은 기술주도형 제품을 구매해 사용하는 일에 익숙하지 않습니다. 그래서 이들을 소비자로 만들기 위해서는 제품의 사용법을 가르치고, 장기적으로 유지 및 관리를 돕는 관계적 접근이 필수적입니다. 또, 제품이 구체적으로 어떻게 삶의 질을 향상시킬 수 있는지 사용자에게 설명해 주어야 합니다. 이를 통해 실제로 삶의 질이 향상되어야만 사람들이 그 제품을 계속 사용하며, 또한 그 제품 역시 사회 전체로 확산될 수 있지요.

BOP 시장에서 적정기술 비즈니스를 성공적으로 이끈 기업들은 사람들의 필요로부터 시작해, 사용자에게 주인 의식을 심어 주고, 지속가능한 발전을 도모해야 한다는 적정기술의 원칙을 존중하고 있습니다.

비즈니스 전략 1: XYZ 비즈니스 모델

BOP 시장을 대상으로 적정기술 제품을 보급하는 방법으로 가장 처음 알려진 비즈니스 모델은 XYZ 모델입니다. 이는 제품의 유통 및 판매 과정에 참여하는 객체가 셋인 비즈니스 모델을 의미합니다. 판매자와 구매자, 즉 객체가 둘만 존재하는 일반적인 비즈니스 모델과는 사뭇 다릅니다. 이 모델을 구성하는 세 객체는 판매자, 구매자, 사용자입니다. 즉, 이 모델에서는 제품을 구매하는 사람과 사용하는 사람이 다릅니다.

일반적으로 이 모델에서의 구매자는 유니세프나 국제보건기구와 같은 국제기구나 세이브더칠드런, 월드비전 같은 국제구호단체입니다. 이들 기관은 기업으로부터 적정기술 제품을 구매해 이를 필요로 하는 사용자들에게 나누어 줍니다. 이들 기관이 적정기술 제품을 구매하는

사례탐구 살충모기장 퍼머넷

세계보건기구에 따르면 아프리카에서는 30초에 한 명, 하루에 3천 명, 1년에 100만 명이 말라리아 감염으로 사망한다. 이 때문에 말라리아를 옮기는 모기로부터 아프리카 주민을 보호해야 할 필요성이 대두되었다. 담요를 만드는 가족 기업을 운영하던 카즈 베스터가르트 프란센은 기존 모기장보다 수명이 5년 정도 긴 모기장을 만들었다. 퍼머넷(Perma Net)이라는 이름의 이 모기장은 세탁을 20번 해도 살충성이 유지되도록 화학 처리를 해서 **내구성**이 뛰어나다.

현재 국제보건기구, 유니세프, 옥스팜, 세이브더칠드런 등 다양한 국제 구호기관에서 퍼머넷을 구매해 아프리카에 보급하고 있다. 이 제품은 일반 모기장보다 비싸지만, 일반 모기장을 사용하다 말라리아에 걸린 어린이에게 치료약을 지급하는 사회적 비용보다는 저렴하기 때문에 국제 구호 기관에서 구매하는 것이다.

▌ 퍼머넷의 보급으로 사람들이 말라리아에 걸려 사망할 확률이 낮아졌다.

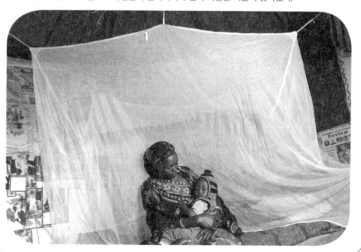

이유는 적정기술 제품이 기존의 구호 방법보다 저렴하고 효과적으로 극빈층의 삶을 개선하는 데 기여할 수 있기 때문이에요.

XYZ 비즈니스 모델을 사용한 전략이 성공하기 위해서는 비즈니스를 통해 저소득층 소비자들의 삶이 현저하게 개선될 수 있어야 합니다. 그래야만 국제구호단체가 물건을 구매합니다.

비즈니스 전략 2: 가격차별 비즈니스 모델

XYZ 비즈니스 모델이 국제구호단체로부터 수익을 얻는 모델이라면, 가격차별(Price Discrimination) 비즈니스 모델은 다른 일반 소비자의 지출로부터 저소득층 소비자를 위한 비용을 충당하는 전략입니다. 즉, 경제력을 갖춘 소비자 중 저소득층을 돕고자 하는 사람들에게 더 많은 비용을 지불하게 하고 저소득층 사람들에게는 싼 가격이나 무료로 제품이나 서비스를 공급하는 것입니다.

일례로 탐스슈즈라는 한 신발 회사는 선진국에서 신발 한 켤레가 팔릴 때마다 개발도상국의 가난한 어린이에게 한 켤레를 공급합니다. 선진국의 소비자는 신발의 원래 가격보다 약간 더 많은 돈을 지불하고, 회사는 이윤의 일부를 포기하고 개발도상국의 어린이들에게 신발을 제공하는 방식이지요. 이렇게 비슷하거나 같은 제품을 소비자에 따라 다른 가격에 판매하는 행위를 가격차별이라고 해요. 영화관에서 똑같은 좌석에 대해 어린이와 어른에게 다른 금액의 돈을 받는 것이 가격차별 비즈니스 모델의 전형적인 또 다른 예입니다.

기업이 적정기술 제품을 가격차별 모델을 통해 BOP 시장에 보급하

사례탐구 태양열 조리기의 가격차별

인도의 가디아솔라라는 사회적 기업은 대형 태양열 조리기와 소형 태양열 조리기를 생산한다. 대형 태양열 조리기는 대규모의 열을 생산할 수 있는 제품으로, 사람이 많은 사원이나, 공장, 정부 기관 등에서 쓴다. 소형 태양열 조리기는 저소득층 주민들이 조리를 하는 데 쓰거나 열을 이용한 소규모 사업체 등에서 이용한다.

가디아솔라의 창업자 디팍 가디아는 저소득층을 위해 소형 태양열 조리기의 가격을 낮추는 방법을 오랫동안 고민했다. 무작정 싼 가격에 제품을 판매하다가는 기업이 문을 닫을 것 같고, 그렇다고 현재의 가격 정책을 쓰면 저소득층 소비자에게 박탈감을 줄 것 같았기 때문이다.

결국 그가 생각해 낸 방법은 가격차별이었다. 자금이 풍부한 대형 태양열 조리기의 소비자로부터 얻은 이윤 중 일부를 소형 태양열 조리기 판매에서 본 손실을 보충하는 것이다. 이 방법을 통해 가디아솔라는 대형 태양열 조리기 부문과 소형 태양열 조리기 부문, 양쪽에서 시장 점유율 1위를 차지하는 기업으로 성장했다.

가격차별 모델을 적용해 적정기술 비즈니스를 수행하면 더 많은 사람들이 적정기술의 혜택을 누릴 수 있다.

는 이유는 기업을 지속적으로 운영하기 위해서입니다. 기업이 지속가능하기 위해서는 반드시 일정 정도의 수익이 필요한데, 저소득층을 대상으로 하는 비즈니스는 기업을 지속시킬 수 있는 수준의 수익을 만들지 못하기 때문이에요. 그래서 기업은 소득 수준이 높은 사람들에게서 이윤을 얻어 소득 수준이 낮은 소비자들에게 물건을 판매할 때 본 손실을 보충하는 것입니다.

비즈니스 전략 3: 미소금융 비즈니스 모델

적정기술 제품을 BOP 시장의 사람들에게 보급하는 또 하나의 방법은 미소금융(Microfinance)입니다. 미소금융은 적은 금액의 돈을 빌려 주는 금융 서비스로, 흔히 소액금융이라고도 불립니다. 그라민폰을 비롯한 몇몇 기업들은 미소금융 모델을 통해 적정기술 제품을 BOP 시장 소비자에게 판매합니다. 미소금융 제도는 무함마드 유누스 교수가 고안한 것으로, 1976년 방글라데시에서 처음 시작되었습니다. 유누스 교수는 고리대금업자의 횡포에 시달리는 빈민들에게 사비를 담보 없이 빌려 주던 것을 계기로 미소금융 제도를 개발했어요.

은행에서는 돈을 빌려 줄 때 대개 대출자에게 담보를 요구합니다. 담보는 대출자가 돈을 갚지 못하더라도 은행이 손해를 보지 않으려고 값비싼 물건을 맡거나 특정 사람을 계약에 구속시키는 것을 의미해요. 문제는 가난한 사람들은 대부분 담보를 제공할 능력이 없다는 것입니다. 그래서 이들은 은행처럼 안전한 기관에서 돈을 빌릴 수가 없어요. 미소금융은 가난해서 제공할 담보조차 없는 사람들에게 미래의 소득을 담보로 자금을 융통해 줍니다. 가난한 사람들은 미소금융을 통해 소규모 사업을 위한 자본금을 얻고, 사업을 통해 생긴 소득으로 대출금을 갚는 것이지요.

BOP 시장에 속한 저소득층 소비자 대부분은 비싼 물건을 한 번에 살 만한 경제력을 갖고 있지 못합니다. 이러한 소비자에게 물품을 공급하기 위해 기업은 미소금융 제도와 적정기술 제품을 결합한 비즈니스 모델을 고안한 것입니다. 적정기술 제품을 제 값을 다 받지 않고 먼저 제공한 뒤, 소비자가 그 제품을 통해 추가적인 소득을 얻으면 시간을 두고 이를 회수하는 것이지요.

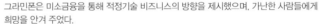
그라민폰은 미소금융을 통해 적정기술 비즈니스의 방향을 제시했으며, 가난한 사람들에게 희망을 안겨 주었다.

그라민폰은 미소금융을 통해 적정기술 비즈니스를 실천하는 대표적인 기업입니다. 이 회사는 미소금융으로 휴대전화를 판매하면서 소비자에게 휴대전화를 통해 돈을 버는 방법을 알려 줍니다. 그라민폰의 휴대전화는 방글라데시의 가난한 소비자들이 생산한 농산물이나 생산품을 필요로 하는 구매처를 알려주는 등 다양한 정보를 제공합니다.

이처럼 미소금융을 이용한 적정기술 제품 판매는 가난한 소비자에게 돈을 벌 수 있는 방법을 가르쳐 주는 동시에 그들에게 꼭 필요한 물건을 판매한다는 특성을 지니고 있습니다. 방글라데시의 그라민폰 외에도 인도에서 태양열 조리기를 판매하는 가디아솔라, 아프리카 지역에 페달펌프를 판매하는 킥스타트 등이 미소금융을 통해 저소득층에게 제품을 판매하는 기업들입니다.

적정기술 비즈니스의 새로운 가능성

얼마 전까지만 해도 사람들은 개발도상국에 대한 원조가 국제기구나 국가 또는 비정부기구를 통해서만 이루어져야 한다고 생각했습니다. 국가나 국제 사회의 지원처럼 대규모로 이루어져야만 가난한 국가에 도움이 된다고 생각했기 때문입니다. 또 가난한 사람들을 대상으로 한 사업은 수익성이 낮아 지속가능성이 없다는 의견이 팽배했었어요. 이처럼 이윤을 얻기 어렵다는 이유 때문에 비즈니스를 통한 국제 원조는 별로 시도되지 않았습니다.

그런데 시간이 지나면서 베스터가르트 프란센이나 그라민폰, 가디아솔라처럼 적정기술 비즈니스를 통해 성과를 거두는 기업들이 나타났습니다. 이 기업들은 비즈니스를 통해 적정기술 제품을 가난한 사람들에게 판매해서, 제품을 구매한 사람들의 삶의 질을 개선했어요. 게다가 그 기업들은 지속가능한 수준의 이윤을 얻어 기업 활동을 활발히 진행하고 있어요. 사람들은 이들의 사례를 보며 개발도상국 사람들의 삶을 개선하는 국제 원조가 비즈니스를 통해서도 얼마든지 가능하다는 것을 깨닫게 되었습니다. 그리고 비즈니스를 통한 원조 활동이 국가나 국제사회의 원조 활동과 서로 보완적인 역할을 한다는 것을 알게 되었습니다.

개개인을 위한 비즈니스 원조

국제기구나 국가, 비정부기구 등을 통한 국제적인 원조 활동은 규모가 크고, 각종 규칙과 조항들을 정해 놓고 진행되는 경우가 많습니다. 이는 공공 기관을 통한 국제 원조가 세금과 기부금에 의해 운영되기 때문입니다. 국가나 공공 기관은 국민의 세금이나 기부자의 기부금을 함부로 써서는 안 됩니다. 따라서 이들은 자금을 투명하게 관리하고 믿을 만한 기관과 협약을 맺어 원조 활동을 진행합니다. 이러한 기관은 주로 수여국의 정부나 지방자치단체 등이 될 수밖에 없어요. 이렇게 진행되는 국제 원조 활동은 가난한 사람들 한 명 한 명보다는, 지역사회 전체

한 여성이 보급 받은 퍼머넷 제품을 손에 들고 있다. 퍼머넷은 적정기술 제품으로도 이윤을 창출하고 비즈니스를 수행할 수 있음을 보여 주는 제품이다.

를 대상으로 진행되는 경우가 많아요. 따라서 때로는 정말 도움이 필요한 사람들이 지원을 받지 못하는 경우도 있어요.

반면 비즈니스를 통한 국제 원조는 이와는 다른 특징을 갖고 있습니다. 비즈니스 원조는 국가나 기관을 통한 국제 원조에 비해 소규모로 진행되는 대신 기업가가 원하는 곳에 비즈니스 본부를 설치할 수 있습니다. 그러면 기업가는 개발도상국의 정부나 지역단체를 통하지 않고도 작은 마을의 사람들과 관계를 맺고 이들에게 적정기술 제품을 판매할 수 있습니다. 이 때문에 비즈니스를 통한 원조는 국제개발협력 활동을 통한 원조보다 더 직접적이고 효과적으로 가난한 사람들의 삶을 개선할 수 있어요. 기업가가 개개인과 직접 소통하고, 그들에게 꼭 맞는 방법으로 삶을 개선할 수 있는 제품을 개발할 수 있기 때문입니다.

비즈니스의 현지화

최근 적정기술 비즈니스 시장에 새로운 흐름이 나타나고 있습니다. 현지인을 통해 적정기술 비즈니스를 진행하려는 시도가 계속되고 있는 것입니다. 현지인을 교육시켜 적정기술 제품의 생산자를 양성하고, 아울러 현지 출신의 판매자가 현지에서 생산된 물건을 현지인에게 판매할 수 있는 기반을 마련하고자 하는 것이지요. 실제로 어떤 이들은 제품 생산과 판매의 모든 과정이 현지인에 의해서 이루어지도록 돕는 것이 적정기술 비즈니스의 핵심이라고 주장합니다.

이렇게 현지인에 의해서 주도되는 비즈니스는 어떤 장점을 갖고 있을까요? 먼저 현지인에게 주인 의식을 심어 줄 수 있다는 장점이 있습니다. 앞서 현지인이 주인 의식을 갖고 참여할 때 이들의 삶을 개선하는 적정기술이 완성된다고 이야기했습니다. 마찬가지로 비즈니스에서도 현지인이 주인 의식을 갖고 비즈니스에 참여할 때 그 비즈니스가 현지 사회의 발전에 더욱 크게 기여할 수 있습니다.

또한, 현지인에 의해 비즈니스가 진행되면 적정기술 비즈니스의 지속 가능성이 커집니다. 앞서 살펴본 적정기술 비즈니스의 사례에서 기업들은 경제적 지속가능성을 높이기 위해 새로운 형태의 비즈니스 전략을 취해야 했습니다. 이들은 국제구호단체나 부유한 소비자층에게서 이윤을 얻는 방식의 비즈니스 전략을 세웠지요. 하지만 현지인에 의한 비즈니스는 이런 복잡한 과정 없이도 경제적으로 지속가능합니다. 현지인 생산자와 현지인 판매자는 소득 수준이 구매자와 비슷하므로, 지속가능성을 위해 선진국 시장만큼의 큰 이윤을 필요로 하지 않기 때문이지요. 따라서 현지인에 의한 적정기술 비즈니스가 늘어나면 현지인에게 꼭 필요한 도움을 주는 적정기술 제품도 늘어날 수 밖에 없을 것입니다.

간추려 보기

- BOP 시장의 중요성이 점차 커지면서, 여러 기업들이 저소득층을 잠재적 고객으로 간주하기 시작했다.
- 새로운 비즈니스 모델을 통해 적정기술을 보급하면서 동시에 수익을 올리는 사회적 기업들이 존재한다.

7
CHAPTER

선진국을 위한 적정기술

이웃 나라 일본은 2011년 3월 동부 지역에 발생한 지진과 쓰나미로 큰 피해를 입었습니다. 이 때문에 인근 지역의 주민들은 한동안 전기와 가스가 끊기고, 물이 부족한 상황에서 생활해야 했어요. 기존의 전력원과 수도 시설을 사용할 수 없는 상황에서 일본인들은 적정기술을 통해 어려움을 극복했습니다. 이처럼 적정기술은 사람들에게 꼭 맞는 필요를 제공하는 만큼 선진국에서도 상황에 따라 중요한 역할을 수행하기도 합니다.

선진국에 사는 사람들은 모두 편리한 기술의 혜택을 누리며 부유한 삶을 살고 있을까요? 반드시 그렇지는 않습니다. 2010년을 기준으로 미국 사람들 중 약 4,620만 명이 빈곤층에 속하는 것으로 조사되었어요. 미국인 6명 중 1명이 최저 생계비에도 못 미치는 소득으로 살아가고 있는 것입니다. 이처럼 가난한 사람들은 삶을 풍요롭게 하는 각종 기술에 접근하기 어려운 경우가 많아요. 한편, 일본은 2011년 3월 동부 지역을 강타한 지진의 여파로 쓰나미 피해를 입었습니다. 지진과 해일로 인해 삶의 터전을 잃은 일본인들은 전

알아두기

미국의 빈곤층은 2010년을 기준으로 약 4,620만 명으로 집계되었다. 2012년에 대한민국은 인구 5,000만 명을 넘어섰다. 미국에는 대한민국의 전체 인구 수만큼의 빈곤층이 있는 셈이다. 우리나라의 경우 빈곤층은 2012년을 기준으로 전체 인구의 약 16.5퍼센트로 집계되었으며, 특히 65세 이상 노인들 중 49.4퍼센트가 빈곤층에 해당한다.

선진국에서도 자연재해 등 예상치 못한 상황 때문에 이미 보유한 첨단기술 제품을 제대로 사용할 수 없는 경우가 발생하기도 한다.

기와 수도가 복구될 때까지 불편한 삶을 살아야 했어요.

이처럼 선진국에도 사회적 빈곤층이 존재하며, 자연재해로 인해 어려움을 겪는 사람들이 있습니다. 그래서 선진국에서도 일반적인 기술의 편리함을 누리지 못하는 사람들이 적정기술이 필요한 경우가 있어요. 우리나라에도 가난이나 장애 또는 자연재해 때문에 기술의 혜택을 받지 못하는 사람들이 존재합니다. 과연 이러한 사람들도 적정기술의 도움을 받아야 하지 않을까요?

저소득층을 위한 보청기

보청기는 청력이 안 좋은 사람들을 돕기 위한 기구입니다. 어떤 소리가 보청기에 들리면, 그 소리는 보청기의 마이크에 도달합니다. 이 소리는 보청기의 증폭기를 지나면서 더 큰 소리로 바뀌고, 보청기의 스피커를 통해 청신경에 전달됩니다. 보청기는 듣는 능력이 약해진 노년층에게 큰 도움을 줍니다. 또한, 사고나 선천적인 질병으로 인해 청력 장애를 앓는 사람들에게도 큰 도움이 되지요.

보건복지부의 최근 통계에 따르면 우리나라 국민 중 청력 문제를 겪고 있는 사람들의 수가 200만 명을 넘어섰다고 합니다. 특히 70세 이상 노인 3명 중 1명은 보청기의 도움을 필요로 하는 것으로 집계되었어요. 하지만 실제로 보청기를 사용하고 있는 사람은 200만 명 중 약 7퍼센트에 해당하는 15만 명 정도밖에 되지 않습니다. 가장 큰 이유는 150만 원에서 200만 원에 달하는 보청기의 비싼 가격 때문이에요.

우리나라의 사회적 벤처 기업인 딜라이트는 어떻게 해야 보청기를 저렴하게 만들 수 있을지 고민했습니다. 기존의 보청기가 비싼 이유는 개별 사용자의 귀에 맞게 따로 제작하기 때문이었습니다. 그래서 보청기를 표준화해 대량으로 생산할 수 있다면 좀 더 저렴한 가격에 공급할 수 있을 거라고 판단했어요. 딜라이트는 성인 남녀 수천 명의 귀의 크기와 모

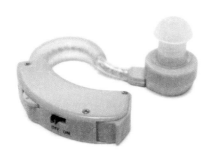

개발도상국뿐만 아니라 우리나라에서도 많은 사람들이 청각 장애 때문에 어려움을 겪고 있다. 보청기는 청각 장애인들의 어려움을 덜어 주기 위해 개발된 제품이다.

양을 조사해 표준형 보청기를 개발했어요. 이 보청기의 가격은 34만 원으로 기존의 보청기에 비해 많이 저렴했습니다.

그 덕분에 가난한 사람들도 보청기를 살 수 있게 되었습니다. 적정기술 제품인 이 보청기는 가난한 사람들에게 세상과 소통할 수 있는 창구를 제공한 셈입니다. 또한, 이 보청기는 선진국의 사회적 약자들에게도 도움을 줄 수 있다는 사실을 증명했지요.

찬성 VS 반대

경제가 발전하면 사회 정치 제도가 좋은 쪽으로 변화하므로 사회도 발전한다. 수렵 사회와 농업 사회의 다음 단계인 상업 사회에서는 사람들이 상업과 교역을 통해 이익을 얻는다. 따라서 사람들은 거래를 통해 평화롭고 행복하게 지낼 수 있다.

– 애덤 스미스 영국 출신의 정치경제학자

지난 수십 년간 미국이 경험한 경제 성장은 동반 성장이 아니었다.
1인당 GDP는 증가했지만 소수의 부자들에게 소득과 부가 집중되어 일반 시민들은 성장의 혜택을 누리지 못했다. 중산층을 포함해 사회의 다수가 소득 증가를 경험해야만 진정한 의미의 경제 성장이 이루어진 것이며, 그런 경우에만 행복한 사회를 만들 수 있다.

– 벤저민 프리드먼 미국 출신의 정치경제학자

저소득층을 위한 태양열 난방기

경제적인 여유가 없는 사람들은 겨울에도 난방을 하지 못하는 경우가 많습니다. 실제로 우리 주변에는 기초적인 생활을 위해 절대적으로 필요한 에너지조차 공급받지 못하는 사람들이 많아요. 우리는 이들을 에너지 빈곤층이라 부릅니다. 에너지 빈곤층은 가구 소득의 10퍼센트 이상을 전기료, 연료, 난방비 등 에너지를 구입하는 비용으로 지출하는 계층을 의미합니다. 에너지경제연구원의 조사에 따르면, 우리나라의 경우 전체 가구의 8퍼센트 정도인 120만 가구가 에너지 빈곤층에 속하는 것으로 나타났습니다.

최근 난방이나 취사 등에 가장 많이 사용되는 에너지원은 도시가스입니다. 도시가스는 땅속에 묻혀 있는 **배관**을 통해 공급되는 연료용 가스에요. 지하에서 끌어올린 천연가스는 저장과 수송이 쉽도록 액화천연가스(LNG)로 가공됩니다. 우리나라 대부분의 지역에는 이러한 액화천연가스를 원료로 하는 도시가스가 보급되고 있어요. 액화천연가스는 석유나 전기, 연탄 등에 비해 열을 많이 내면서도 저렴한 가격으로 이용할 수 있습니다. 하지만 배관 시설이 제대로 갖춰지지 않은 곳에서는 이러한 도시가스를 이용할 수 없습니다. 전국적으로 약 25퍼센트의 가구가 이러한 이유로 불편함을 겪고 있어요. 이들은 액화천연가스보다 2배 정도 비싼 액화석유가스(LPG)나 석유, 등유 등을 사용하고 있습니다.

정부에서는 도시가스가 보급되지 않은 지역을 위해 배관을 설치하고, 장기적으로 천연가스를 보급하기 위한 노력을 계속하고 있습니다. 하지만 배관을 설치하기 위해서는 많은 예산이 필요하고 오랜 시간이 소요됩니다. 또한, 어떤 지역은 지형적 특성으로 인해 배관 설치가 불가능한 경우도 있어요. 이 때문에 앞으로도 도시가스의 혜택을 누리지 못하는 사람들이 존재할 가능성이 높아요.

그래서 우리나라의 한 사회적 기업인 섬광은 도시가스가 공급되지 않은 지역에서 추위로 고생하는 사람들의 이야기를 듣고는 어떻게 하면 이들의 에너지 문제를 해결할 수 있을지 고민했습니다. 그 기업은 농촌의 에너지 자립을 위해 개발된 햇빛 온풍기를 개조해 저소득층을 위한 태양열 난방기를 만들었어요. 현재 섬광은 태양열 난방기와 열을 저장하고 보존하는 재료인 열매를 효율적으로 개선하기 위해 다양한 실험을 진행하고 있습니다. 태양열 난방기가 완성되고 널리 보급되면 비싼 연료비 때문에 어려움을 겪는 이들이 따뜻한 겨울을 보내는 데 도움이 될 거에요.

선진국을 위한 적정기술

우리는 앞에서 기술이 풍부한 선진국에 살면서도 기술로부터 소외된 사람들을 위한 적정기술을 살펴보았습니다. 그러나 기존의 기술로부터

도시가스를 공급받지 못하는 지역에서는 주로 통에 든 액화석유가스를 난방용 연료로 사용한다. 이는 도시가스보다 비쌀 뿐만 아니라 보관 및 운반이 어렵다.

소외된 이들에게만 적정기술이 필요한 것은 아닙니다. 기술의 혜택을 마음껏 누릴 수 있었던 이들도 때로는 적정기술을 필요로 합니다. 가장 대표적인 경우는 자연재해로 인해 기존의 기술을 사용할 수 없을 때입니다.

이웃 나라 일본은 2011년 3월 동부 지역에 발생한 지진과 쓰나미로 큰 피해를 입었습니다. 이 때문에 인근 지역의 주민들은 한동안 전기와 가스가 끊기고, 물이 부족한 상황에서 생활해야 했어요. 기존의 전력원과 수도 시설을 사용할 수 없는 상황에서 기술 주도형 기술은 아무런 힘을 발휘할 수 없었어요. 밥을 짓지도 못했어요. 대신 숯을 이용한 적정기술을 통해 요리를 할 수 있었습니다. 이처럼 적정기술은 사람들에게 꼭 맞는 필요를 제공하는 만큼 선진국에서도 상황에 따라 중요한 역할을 수행하기도 합니다.

　여러분의 주변을 둘러보세요. 어려운 처지의 사람에게 도움을 줄 수 있는 아이디어가 떠오르지는 않나요? 누군가의 필요를 채워 줄 수 있는 실현 가능한 기술을 만든다면 여러분도 적정기술 과학자가 될 수 있습니다. 적정기술은 가난한 나라나 개발도상국에만 적용될 수 있는 것이 아니라 우리 모두에게 도움을 줄 수 있습니다. 사람을 중심에 두는 적정기술이 더 많이 개발되고 보급되면 인류의 미래는 더욱 밝아질 것입니다.

2005년 미국 남부 지역을 강타한 허리케인 카트리나로 인해 주민들의 삶의 터전은 폐허가 되었다. 이후 사람들은 카트리나 가구 프로젝트를 통해 피해 지역에 남은 잔재들을 활용한 가구를 만들기 시작했다. 이 프로젝트는 사회적, 경제적으로 어려움을 겪는 주민들이 자립할 수 있는 토대를 제공했다.

사례탐구 쓰나미로 인한 변화

　캄보디아의 재활용 숯 제조 회사인 SGFE(Sustainable Green Fuel Enterprise)는 최근 회사의 수익성을 개선할 수 있는 수출 사업을 찾았다. SGFE는 코코넛 껍질이나 사탕수수 찌꺼기 같은 유기 폐기물을 이용해 재활용 숯을 만드는데, 이곳에서 제작하는 숯은 친환경적이고 성능도 우수해서 오랜 시간 열을 낼 수 있다. 또 다른 제품인 스타터(Starter)는 절에서 사용하고 남은 촛농과 코코넛 찌꺼기를 모아 만든 재활용 상품으로, 손쉽게 숯에 불을 붙일 수 있도록 도와주는 제품이다. SGFE의 제품은 우수한 성능과 성능 대비 합리적인 가격대를 갖고 있었지만, 캄보디아 주민들이 사용하기에는 약간 비싼 편이어서 회사는 큰 수익을 내지 못했다.

　그런데 갑자기 일본 무역회사로부터 SGFE의 숯과 스타터에 대한 주문이 들어오기 시작했다. 2011년 3월, 일본 동부 지역은 지진과 쓰나미로 피해를 입었고, 이로 인해 전기와 가스, 수도 시설이 파괴되었다. 파손된 시설들을 복구하는 동안 일본 정부는 국민들이 에너지 절약 운동에 동참해 주기를 부탁했다. 이를 계기로 일본에서는 가스가 아닌 숯을 이용해 요리를 하자는 움직임이 일었고, 높은 성능과 편리성을 갖추고 있으며 친환경적인 SGFE의 상품에 대한 관심이 높아졌다. 특히 SGFE에서 개발한 스타터는 숯으로 요리를 하는 일에 익숙지 않은 일본인에게 꼭 필요한 제품이었으며, 크기도 작아 사용에 편리했다. 현재 지진으로 인한 피해는 상당 부분 복구가 되었으나 아직도 일본의 많은 가정과 식당에서는 숯을 이용해 요리를 하고 있다.

간추려 보기

- 적정기술은 개발도상국뿐만 아니라 선진국의 어려운 사람들에게도 적용될 수 있다.
- 우리나라에도 저소득층을 위한 보청기와 태양열 난방기 등 적정기술 제품이 존재한다.

용어 설명

가공 원자재를 인공적으로 처리하여 새로운 제품을 만들거나 제품의 질을 높임.

개발도상국 경제가 아직 완전하게 발달하지 못했으며, 전반적인 사회 체제 역시 변동 중인 나라.

건기 비가 오지 않는 계절이나 기간.

경제협력개발기구(OECD) 회원국의 경제적, 사회적 발전을 모색하고 세계 경제 문제에 공동으로 대처하기 위해 설립된 정부 간 국제기구. 산하에 개발도상국의 원조를 위해 결성된 개발원조위원회(DAC)가 있다.

국민총생산(GNP) 한 나라의 모든 국민이 일정 기간에 생산한 최종 생산물을 시장 가격으로 평가한 총액.

내구성 물질이 원래의 상태에서 변질되거나 변형됨이 없이 오래 견디는 성질.

바이오매스 생물체를 열분해하거나 발효시켜 얻는 에너지.

배관 기체나 액체를 다른 곳으로 보내기 위하여 관을 이어 배치함.

비정부기구(NGO) 권력이나 이윤을 추구하지 않으며, 자발적이고 비영리적인 민간조직을 총칭. 비정부기구나 비정부단체로 번역한다.

수인성 질병 물이나 음식물 속 세균에 의해 전염되는 병.

슬러리 고체와 액체의 혼합물.

유네스코(UNESCO) 국제연합 교육과학문화기구. 교육, 과학, 문화의 보급 및 교류를 통

해 국가 간의 협력을 증진할 목적으로 설립
된 국제연합 산하의 전문기구다.

유니세프(UNICEF) 국제연합 아동기금. 국
적이나 이념, 종교 등의 차별 없이 어린이를
구호하기 위해 설립된 국제연합의 상설보조
기관.

전처리 가공에 앞서 화학정, 물리적 작용을
가해 예비적으로 하는 처리.

차관 한 나라의 정부나 기업, 은행이 외국
의 정부나 공적 기관으로부터 자금을 빌려
오는 것.

필터 액체나 기체 속의 이물질을 걸러 내는
장치.

연표

1945년 ~ 1950년대	해방과 6·25 전쟁을 겪으며 피폐해진 경제를 재건하기 위해 우리나라가 미국을 비롯한 여러 선진국으로부터 원조를 받았다.
1957년	우리나라에 대한 미국의 원조 정책이 기존의 무상원조 방식에서 차관 방식으로 바뀌었다.
1961년	경제협력개발기구(OECD)가 발족되었다.
1965년	우리나라가 개발도상국 훈련생 초청 사업을 시작했다.
1965년	영국인 경제학자 에른스트 슈마허가 칠레 유네스코 회의에서 중간기술을 최초로 언급했다.
1966년	영국에서 중간기술개발집단(ITDG)이 설립되었다.
1969년	미국에서 신연금술연구소, 패럴론연구소 등이 설립되어 물, 에너지, 건축과 관련된 대안 기술을 개발하는 연구를 진행했다.
1976년	미국에 국립적정기술센터(NCAT)가 설립되었다.

1979년	미국 캘리포니아 주에서 저소득층과 소수 민족의 삶의 질을 향상시키기 위해 적정기술국을 설립했다.
1987년	세계환경개발위원회가 발표한 브룬트란트 보고서에서 처음으로 '지속가능한 발전'이라는 개념이 제시되었다.
1988년	제24회 서울올림픽을 개최하며 우리나라의 국제적 위상이 높아졌다.
1991년	한국국제협력단의 설립으로 통합적 원조 시스템이 구축되었다.
1992년	브라질에서 열린 유엔환경개발회의에서 지속가능한 발전의 중요성이 강조되었으며, 유엔 경제사회이사회에 지속가능개발위원회가 설치되었다.
1995년	우리나라가 세계은행으로부터 차관 졸업국 칭호를 받아 사실상 수여국에서 벗어났다.
1996년	우리나라가 경제협력개발기구에 29번째 회원국으로 가입했다.
2000년	대한민국 대통령자문기구로 지속가능발전위원회가 창립되었다.
2002년	매사추세츠공과대학교에서 적정기술이 정식 교과목으로 채택되었다.

| 2009년 | 우리나라가 경제협력개발 기구 개발원조위원회에 가입했다. |
| 2011년 | 제4차 세계개발원조총회가 부산에서 개최되었다. |

더 알아보기

한국국제협력단(KOICA) www.koica.go.kr
우리나라와 개발도상국 간의 협력 관계를 증진하고 개발도상국을 경제적, 사회
적으로 지원하기 위해 설립된 정부출연기관이다.

굿네이버스 www.goodneighbors.kr
국제구호개발사업을 벌이는 비정부기구다. 우리나라 최초로 국제연합 경제사
회이사회로부터 비정부기구 최고 지위인 포괄적 협의 지위를 획득했다.

국경없는 과학기술자회 sewb.org
개발도상국에 과학과 기술을 보급하고 현지 주민을 교육시키기 위해 과학기술
자들이 모여 만든 사회봉사 단체다. 개발도상국 현지의 대학, 연구기관, 비정
부기구 등과 함께 적정기술을 이용한 국제교류활동을 벌이고 있다.

팀앤팀 www.teamandteam.org
긴급구호활동과 개발 사업을 벌이는 비정부기구다. 다양한 방법으로 아프리카
에 수자원을 공급하는 프로젝트를 진행하고 있다.

적정기술미래포럼 www.approtech.or.kr
일반인을 대상으로 적정기술 아카데미, 적정기술 포럼, 적정기술 전시회를 운
영하는 비영리 단체다. 적정기술에 대한 인지도를 높이기 위해 적정기술 관련
서적도 발간하고 있다.

찾아보기

ㄱ

가격차별 92-94
개발도상국 16, 25, 28-30, 32, 38-39, 47, 58-59, 71, 73-75, 77-78, 80-81, 94, 96, 99, 107, 112
개발원조위원회(DAC) 71, 76
경제협력개발기구(OECD) 71, 76
국제개발협력 70-71, 73, 75, 77-78, 80-81, 99
국제연합 55
굿네이버스 78-79
그라민폰 85, 94-96, 98
기술주도형 25-27, 31
깡통라디오 30, 50

ㄴ

네오너쳐 28

ㄷ

독일국제협력공사 71-72
디랩 32
디팍 가디아 48, 93

ㄹ

라이프스트로 18, 20

ㅁ

마셜 플랜 70-71
무함마드 유누스 94
미소금융 94-96

ㅂ

바이오샌드필터 20
베스터가르트 프란센 91, 98
비정부기구(NGO) 32, 44, 76-79, 97, 99
빅터 파파넥 30, 50

ㅅ

선진국 15-16, 19-20, 18, 32, 47, 57-58, 73, 75-76, 78, 80, 92, 97, 105-108, 111-112
세계보건기구(WHO) 18, 91
세계은행 76
세라믹필터 21, 33, 44
세이브더칠드런 91-92

수요견인형 26-29, 31

ㅇ

안락한 변소 프로젝트 62
에른스트 슈마허 16, 19
월드비전 92
유네스코(UNESCO) 19, 30
유니세프(UNICEF) 18, 91-92
유엔새천년개발보고서 73

ㅈ

자전거 세탁기 32
중간기술 19
지세이버 59, 79

ㅊ

차관 76
첨단기술 25, 29, 31, 77, 106
총체적인 지원 47, 49

ㅋ

큐드럼 63-64

ㅌ

태양열 조리기 48, 93, 96
팀앤팀 78

ㅍ

퍼머넷 91, 98
펄핑머신 42–43
페달펌프 56, 58
플레이펌프 61
피푸백 59

ㅎ

한국국제협력단(KOICA)
73, 77
현지 적합성 45, 47

기타
BOP 시장 85–90, 94, 96
XYZ 비즈니스 모델 90, 92

내인생의책은 한 권의 책을 만들 때마다
우리 아이들이 나중에 자라 이 책이 '내 인생의 책'이라고 말할 수 있는 책을 만들고자 합니다.

세상에 대하여 우리가 더 잘 알아야 할 교양
㉕ 적정기술 모두를 위해 지속가능해질까?

섬광 글 | 김정태 감수

초판 인쇄일 2013년 7월 20일 | 초판 발행일 2013년 7월 30일
펴낸이 조기룡 | 펴낸곳 내인생의책 | 등록번호 제10-2315호
주소 서울시 마포구 망원동 385-39 3층 (우)121-821
전화 (02)335-0449, 335-0445(편집) | 팩스 (02)6499-1165
전자우편 bookinmylife@naver.com | 카페 http://cafe.naver.com/thebookinmylife
편집주간 한소원 | 편집장 이은아 | 책임편집 이채령 | 편집 신인수 이인영 조일현 이다겸 진송이
디자인 이자현 한은경 심재원 | 마케팅 김상석 | 경영지원 김지연

ISBN 978-89-97980-47-5 44300
ISBN 978-89-91813-19-9 44300 (세트)

ⓒ 2013 섬광
사진 제공
• 에딧더월드 9, 15, 17, 18, 27, 39, 44, 56, 64, 91, 98, 112, 117
• 굿네이버스 76, 79

책값은 뒤표지에 있습니다. 잘못된 책은 구입처에서 바꾸어 드립니다.

이 도서의 국립중앙도서관 출판시도서목록(CIP)은 e-CIP 홈페이지(http://www.nl.go.kr/ecip)에서 이용하실 수 있습니다.
(CIP제어번호: 2013011105)

책은 나무를 베어 만든 종이로 만듭니다.
그래서 원고는 나무의 생명과 맞바꿀 만한 가치가 있어야 합니다.
그림책이든 문학, 비문학이든 원고 형식을 가리지 않습니다.
여러분의 소중한 원고를 bookinmylife@naver.com으로 보내주시면
정성을 다해 좋은 책으로 만들겠습니다.

디베이트 월드 이슈 시리즈

세상에 대하여 우리가 더 잘 알아야 할 교양

전국사회교사모임 선생님들이 번역한 신개념 아동·청소년 인문교양서!

《디베이트 월드 이슈 시리즈 세더잘》은 우리 아이들에게 편견에 둘러싸인 세계 흐름에서 벗어나 보다 더 적확한 정보와 지식을 제공합니다. 모두가 'A는 B이다.'라고 믿는 사실이, 'A는 B만이 아니라, C나 D일 수도 있다.'는 것을 알려 주면서 아이들이 또 다른 진실을 발견하도록 안내합니다.

★ 전국사회교사모임 추천도서 ★ 문화체육관광부 우수교양도서 ★ 한국간행물윤리위원회 청소년 권장도서 ★ 서울시교육청 추천도서 ★ 보건복지부 우수건강도서 ★ 아침독서 추천도서 ★ 대교눈높이창의독서 선정도서 ★ 학교도서관저널 추천도서

세더잘 24
국제 관계 어떻게 이해해야 할까?

닉 헌터 글 | 황선영 옮김 | 정석용 감수

상호 협력을 통해 인류의 평화와 번영을 이룩할 수 있다.
vs 국제 협력은 강대국이 자국의 이익을 관철시키려는 허울 좋은 명분에 불과하다.

이 책은 영토 분쟁부터 지구 온난화에 이르기까지 다양한 국제적 사안들을 깊이 있게 설명하며, 인류의 평화적 공존과 번영을 위해 고민해 봐야 할 중요한 논점들을 제시합니다. 또한, 각 국가는 물론 국제기구, 비정부기구 등 국제 질서를 구성하는 주체들이 협력과 경쟁, 대립을 통해 상호작용하는 과정을 다양한 예시를 들어 소개하고 있습니다. 이를 통해 점점 더 복잡해지는 국제 관계를 정확하게 이해하기 위한 안목과 사고력을 기를 수 있습니다.

세더잘 23
국가 정보 공개 어디까지 허용해야 할까?

케이 스티어만 글 | 황선영 옮김 | 전진한 감수

국민은 국가의 정보를 알 권리가 있다.
vs 시민의 생명과 재산을 위해 비밀 유지가 필요할 때도 있다.

점차 사회적 관심사로 떠오르고 있는 정보공개제도에 대해 다뤘다. 정보공개제도는 시민이면 누구나 국가 기관의 정보에 접근할 수 있게 보장하는 것이다. 책은 정보공개제도 확대의 역사와 찬반 논쟁에서 실제 정보공개를 청구하는 방법에 이르기까지 아주 꼼꼼히 기술했다. 더불어 정보공개제도가 시행됨에 따라 공무원들의 사생활이 침해되는 등 제도가 가지는 몇몇 문제점도 함께 고민하며 사고의 깊이를 더했다.

세더잘 22
줄기세포 꿈의 치료법일까?

재키 베일리 글 | 장선하 옮김 | 김호연 감수

줄기세포는 질병 퇴치와 수명 연장의 꿈을 실현해 줄 것이다.
vs 윤리적 논란과 안전성 문제가 해결되지 않는 한 섣부른 기대다.

줄기세포는 꿈의 치료법으로 기대를 모으며 국가적으로 지원받고 있는 의료 분야의 화두입니다. 이 책은 줄기세포에 대한 과학적 지식은 물론, 줄기세포 연구를 이해할 때 수반되는 동물 실험이나 유전 공학, 인간 복제, 민간 자본 개입 문제에 대해서도 자연스레 꿰어 감으로써 21세기 생명과학과 생명윤리 전반에 대한 기초 소양을 쌓게 해 줍니다.

세상에 대하여 우리가 더 잘 알아야 할 교양

세더잘 21
안락사 허용해야 할까?

재키 베일리 글 | 장선하 옮김 | 김호연 감수

안락사는 가면을 뒤집어쓴 살인 행위에 불과하다.
vs 인간은 품위 있는 죽음을 선택할 수 있어야 한다.

이 책은 안락사 전반을 둘러싼 사회문화적, 철학적 쟁점들을 균형 있게 살펴보면서 삶과 죽음의 문제에 접근합니다. 안락사를 현대 의학의 효율성과 경제적 측면에서 바라보는 것이 아니라 삶과 죽음이라는 커다란 그림 안에서 바라보게 하는 것이지요. 끝없이 계속되는 안락사 찬반 논쟁을 살펴보면서 삶의 소중함을 깨달아 봅시다.

세더잘 20
피임 인구 조절의 대안일까?

재키 베일리 글 | 장선하 옮김 | 김호연 감수

태아는 태어날 권리가 있다.
vs 피임은 인간다운 삶의 필요조건이다.

세더잘 19
유전 공학 과연 이로울까?

피트 무어 글 | 서종기 옮김 | 이준호 감수

유전 공학 기술의 발전과 활용은 반드시 필요하다. vs 생물의 기본 구성 요소를 건드리는 것은 위험한 일이다.

세더잘 18
낙태 금지해야 할까?

재키 베일리 글 | 정여진 옮김 | 양현아 감수

낙태는 개인의 선택에 맡겨야 한다.
vs 국가가 규제하고 제한해야 한다.

세더잘 17
프라이버시와 감시 자유냐, 안전이냐?

캐스 센커 글 | 이주만 옮김 | 홍성수 감수

프라이버시는 인간의 본질적 권리로 우리 모두가 지켜 나가야 한다. vs 자신의 프라이버시를 얼마큼 보호하느냐는 각자가 선택할 사항이다.

세더잘 16
소셜네트워크 어떻게 바라볼까?

로리 하일 글 | 강인규 옮김

소셜 네트워크는 표현의 자유를 확장할 것이다. vs 사생활 침해를 증가시킬 것이다.

세더잘 15
인권 인간은 어떤 권리를 가질까?

은우근, 조셉 해리스 글 | 전국사회교사모임 옮김

인권은 모든 지역, 모든 사람에게 동등하게 적용되어야 한다 vs 인권의 잣대를 일률적으로 들이대선 안 된다

세더잘 14
관광산업 지속 가능할까?

루이스 스펠스베리 글 | 정다워 옮김 | 이영관 감수

관광산업은 일자리를 창출하고, 국가 경제에 큰 도움이 된다. vs 관광산업은 자연을 훼손하고, 현지인의 전통적 삶의 방식을 파괴한다.

세더잘 13
동물실험 왜 논란이 될까?

페이션스 코스터 글 | 김기철 옮김 | 한진수 감수

동물실험은 과학과 의학의 진보를 위해 반드시 필요하다. vs 동물실험은 무의미하게 생명을 죽이므로 폐지해야 한다.

세더잘 12
군사 개입 과연 최선인가?
케이 스티어만 글 | 이찬 옮김 | 김재명 감수

군사 개입은 인권 보호를 위해 필요하다.
vs 군사 개입은 다른 나라의 주권을 침해할
뿐이다.

세더잘 11
사형제도 과연 필요한가?
케이 스티어만 글 | 김혜영 옮김 | 박미숙 감수

사형은 국가가 행하는 합법적인 살인이므로
폐지되어야 한다. vs 사형은 범죄를 억제하는
가장 효과적인 방법이므로 존치시켜야 한다.

세더잘 10
성형수술 외모지상주의의 끝은?
케이 스티어만 글 | 김아림 옮김 | 황상민 감수

미용 성형 산업을 객관적인 시선으로 바라
보도록 도와주어 현대 사회에 대한 근본적
인 물음을 던지게 하는 책

세더잘 09
자연재해 인간과 자연이 공존하는 길은?
안토니 메이슨 글 | 선세갑 옮김

자연재해에 관한 사회·과학 통합서
'자연 대 인간'에서 '자연과 인간'으로!

세더잘 08
미디어의 힘 견제해야 할까?
데이비드 애보트 글 | 이윤진 옮김 | 안광복 추천

미디어는 규제받아야 한다.
vs 미디어는 자유로워야 한다.

세더잘 07
에너지 위기 어디까지 왔나?
이완 맥레쉬 글 | 박미용 옮김

지구 온난화, 전쟁과 테러, 허리케인…
이 모든 것은 에너지 위기에서 비롯되었다!

세더잘 06
자본주의 왜 변할까?
데이비드 다우닝 글 | 김영배 옮김 | 전국사회교사모임 감수

지금의 경제위기는 현행 자본주의 체제로
극복할 수 있다.
VS 자본주의를 대체할 새로운 경제 체제가
필요하다.

세더잘 05
비만 왜 사회문제가 될까?
콜린 힌슨 글 | 김종덕 옮김 | 전국사회교사모임 옮김

비만은 나쁜 식습관이나 운동 부족 등으로
인한 개인의 문제다.
VS 비만은 빈부 격차, 정부 정책과 같은 사
회적 원인 때문에 발생한다.

세더잘 04
이주 왜 고국을 떠날까?
루스 윌슨 글 | 전국사회교사모임 옮김 | 설동훈 감수

이주자들은 경제적으로 이바지하며 한 나라
의 삶을 풍요롭게 한다.
VS 이주자들은 자국민의 일자리를 빼앗고,
국가의 재원을 고갈시킬 뿐이다.

세더잘 03
중국 초강대국이 될까?
안토니 메이슨 글 | 전국사회교사모임 옮김 | 백승도 감수

중국이 세계 경제에 미치는 막대한 파급력
으로 보아 중국은 초강대국이 될 것이다.
VS 중국은 정치적 상황으로 볼 때 장기적이
고 지속적인 성장을 할 수 없을 것이다.

세더잘 02
테러 왜 일어날까?
헬렌 도노호 글 | 전국사회교사모임 옮김 | 구춘권 감수

테러는 정치적·사회적약자의 투쟁 수단이다.
VS 테러는 반인륜적인 범죄일 뿐이다.

세더잘 01
공정무역 왜 필요할까?
아드리안 쿠퍼 글 | 전국사회교사모임 옮김 | 박창순 감수

자유무역을 통해서 무역의 규모를 키워야
한다. VS 공정무역으로 분배를 제대로 하는
것이 우선이다.

※ 디베이트 월드 이슈 시리즈 세더잘은 계속 출간됩니다.